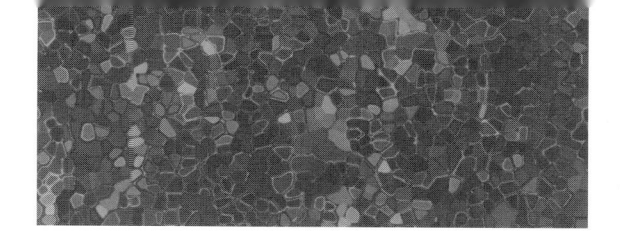

Python で始める
OpenCV 4
プログラミング

北山直洋◉著

CUTT
カットシステム

はじめに

OpenCV（Open Source Computer Vision Library）は、膨大な関数を用意した画像処理ライブラリです。一般的な二次元の画像処理、ヒストグラム処理、テンプレートマッチング、オプティカルフロー、およびオブジェクト認識など多様なアプリケーションを開発できる関数群を用意しています。OpenCV を利用すると、数行のコードを記述するだけで簡単な画像処理プログラムを開発できます。このような環境は単に OpenCV だけがもたらしてくれた訳ではなく、ハードウェアやオペレーティングシステムの進歩と相まって提供されています。

OpenCV は当初、C/C++ 言語用に用意されていました。しかし、今では様々な言語から利用できる環境が用意されています。本書は、OpenCV が用意している Python 用のライブラリを使用し、Python から OpenCV を利用する方法を紹介します。Python については、ある程度の知識があることを前提としています。もし、Python をまったく学習していない場合、先に Python の入門書を読むことをお勧めします。

本書は技術書に分類される書籍です。さらに細かく分類すると、専門的な知識が身に付いていない方向けの入門書と言えます。入門書には多くの役割がありますが、個人的に重要な役割は、

- 環境の導入を分かりやすく解説すること
- 技術の魅力を実感させること

の二点だと考えています。

本書は、Anaconda のインストールによる Python での開発環境の実装方法と、Anaconda への OpenCV のインストール方法の解説を掲載しているため、環境の導入は問題なく行えます。

また、OpenCV の基本的な使い方から Deep Learning を用いた画像認識まで解説しているため、技術の魅力を多少ではありながら実感させることができると考えています。

本書に刺激を受けて OpenCV の道を邁進する読者が現れることを期待します。

対象読者

- Python から OpenCV 4.x、OpenCV 3.x を使用したい人
- 画像処理・動画処理プログラミング入門者
- Python と OpenCV の概要を知りたい人

謝辞

出版にあたり、お世話になった株式会社カットシステムの石塚勝敏氏に深く感謝いたします。

2019 年初春　北山直洋

本書の使用にあたって

開発環境、および、実行環境の説明を行います。

■プラットフォーム

OpenCV はマルチプラットフォームをサポートしています。今回は、Windows を開発環境・実行環境とします。

■ Windows バージョン

特に Windows バージョンへの依存はありませんが、開発や動作チェックを行ったシステムは Windows 10 です。

■ Linux 環境

本書は Windows 環境で開発や動作チェックを行っていますが、本書の末尾に付録として、Linux 環境でのプログラム実行方法とインストール方法を解説しています。

■ OpenCV のバージョン

OpenCV 4.0.0 を使用します。OpenCV 3.4.0 や他のバージョンも確認しましたが、最終確認は OpenCV 4.0.0 で行いました。

■ Anaconda と Python のバージョン

Anaconda 5.3.1、Python 3.7 を使用します。Python 2.7 でも確認しましたが、最終確認は Python 3.7 で行いました。

■ Spyder のバージョン

Spyder 3.3.2 を使用します。

■ユーザーアカウント

最近の Windows ではユーザーやアカウントの管理が強化されています。たとえば、「標準ユーザー」ではプログラムのインストールやアンインストールは制限されます。開発環境やモジュールのインストールやセットアップで警告が出ることがありますので、なるべく「管理者」で実行してください。もちろん、管理者アカウントを使用する場合、危険なこともできるので、十分注意してください。

■例外処理

関数の引数に間違った値を指定すると、プログラムが異常終了することがあります。本書は

ごく単純な例外処理を組み込みました。より安全なプログラムとする場合は、自身で異常処理に対応した機構を組み込んでください。また、異常処理への対応を簡略化した理由は、プログラムをシンプルにするためです。

■ソースコードの文字コード

UTF-8 を使用します。

■ URL

URL の記載がありますが、執筆時点のものであり、変更される可能性もあります。リンク先が存在しない場合、キーワードなどから検索してください。

■関数の引数や戻り値の型

2 章〜 10 章に記載している関数の説明において、引数や戻り値に型を記載しており、その型で動作確認をしています。しかし、OpenCV のドキュメントに型が明記されていないことと関係して、本書に記載されている型ではなくても動作することがあります。

用語

用語の使用に関して説明を行います。

■ディレクトリとフォルダ

基本的に「フォルダ」をメインで使用します。「フォルダー」と表記されることも多いですが、最後の「ー」を使用せず「フォルダ」と表記する場合もあります。

■画像と配列

画像を保持する場合、NumPy を使用します。これらは基本的に配列を管理します。このため、画像を配列と表現する場合と、その逆の場合もあります。ただし、これらは同じものを指します。

■「/」と「¥」

ソースコードを記述する際に、「/」と「¥」のどちらでも構わない場合、「/」を採用しています。なお、本文中で「¥」が適している場合でも、ソースコードが「/」を使用している場合、「/」で表現しています。

■ソースリストとソースコード

　基本的に同じものを指しますが、ソースリストと表現する場合はソース全体を、ソースコードと表現する場合はソースの一部を指す場合が多いです。

■オブジェクト

　インスタンスと表現した方が良い場合でも、オブジェクトと表現している場合があります。両方を、厳密に使い分けていませんので、文脈から判断してください。あるいは、オブジェクトと表現した場合、物体を指す場合もありますので文脈から判断してください。

■映像とフレーム

　カメラから取得した画像を映像と表現する場合とフレームと表現する場合がありますが、同じものを指します。これらは文脈から判断してください。

■配列やリストについて

　配列と表現した場合、タプル、リストそして numpy.ndarray などを指しています。このような混在した使用は Python、NumPy、そして OpenCV を同時に説明しているためです。これらの表現が何を指すかは文脈から分かるようにしており、混乱は起きないようにしています。

ライセンス

　OpenCV も、一般的なオープンソースに漏れず、下記に示すライセンスが示されています。以降の内容に同意できない場合、OpenCV のダウンロード、コピー、インストール、および使用をしないでください。

　ただ、通常のオープンソースのライセンス同様、難しい使用条件は付帯されていません。通常、本ライセンスが OpenCV 使用の制限になることは考えられません。ただ、必ず全文に自身で目を通し、内容を確認して使用してください。OpenCV のライセンスについては、パッケージ内の OpenCV インストールフォルダにある LICENSE に記述されています。

■以下原文（改行などから読みにくいですが、原文をそのまま掲載しています）

　なお、本書で扱うソフトウェアにはサードパーティやオープンソースで提供されているもの
が多数あります。使用において問題が起きそうなものは見当たりませんが、ライセンスが異な
る場合がありますので、ライセンスに関しては、ひととおり目を通してください。

目 次

開発環境の準備

Python と OpenCV を利用するための環境を整えます。

1.1
Anaconda のインストール

Python を使用できる環境は、様々なものがあります。Python の公式サイト（https://www.python.org/）から Python のみをインストールし、必要な機能を実装するために後から個別にライブラリ（パッケージ）をインストールするのも良いでしょう。ここでは、IDE やコンソールなどの Python でよく使用されるライブラリがパッケージされ、広く使われている Anaconda という Python パッケージの最新版を使用します。以降に、Windows へ Anaconda をインストールする手順を示します。

まず、Anaconda for Windows を公式ホームページからダウンロードします。Anaconda インストーラのダウンロードページにアクセスします（https://www.anaconda.com/download/）。

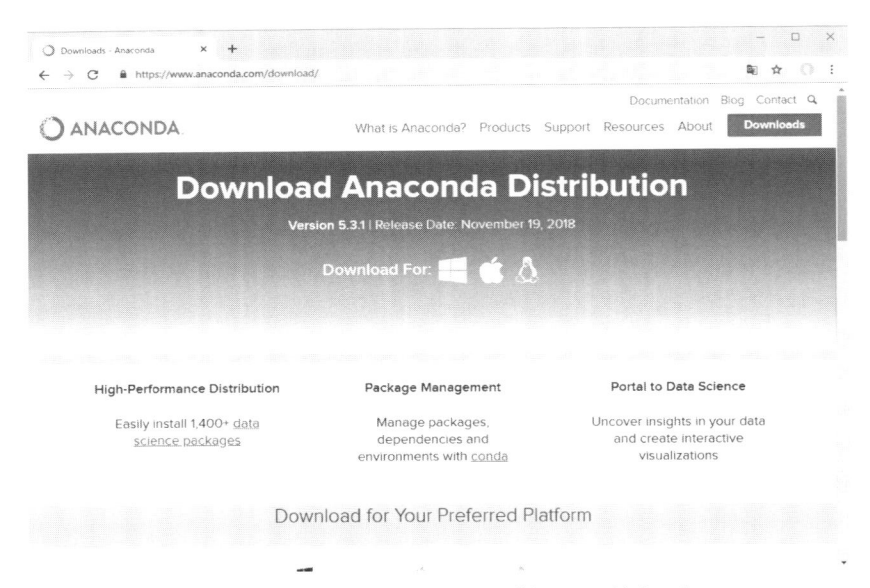

図1.1●Anacondaインストーラのダウンロードページ

アクセスすると、図 1.1 のようなページが表示されます。下にスクロールし、「Python 3.x version」の「Download」ボタンをクリックすると 64 ビット用のインストーラがダウンロードされます。「Download」ボタンの下に、64 ビット用と 32 ビット用のインストーラのリンクがあるので、明示的にビット数を選びたい場合は、下のリンクをクリックしてダウンロード

してください。Python 2.7 系の Anaconda も提供されていますので、2.x 系を使用したい場合
は、そちらをクリックしてください。本書は、今後のことを考え、最新の Python 3 系をダウ
ンロードします。

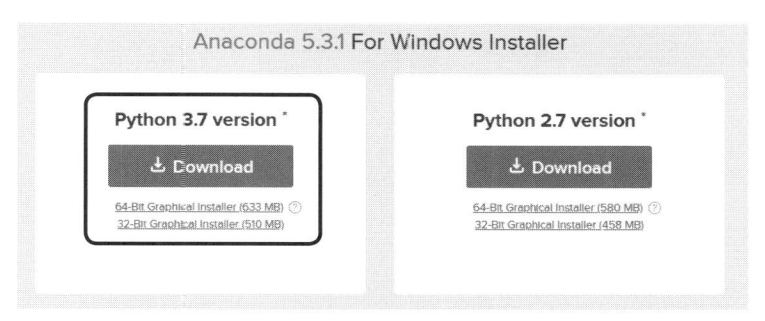

図1.2●Anacondaインストーラのダウンロード

「Download」ボタンをクリックすると、Anaconda の Cheat Sheet を受け取る e-mail ア
ドレス登録の案内が表示されます。必要であれば e-mail アドレスを入力してから「Get the
Starter Guide」をクリックし、必要でなければ「No Thanks」をクリックしてください。

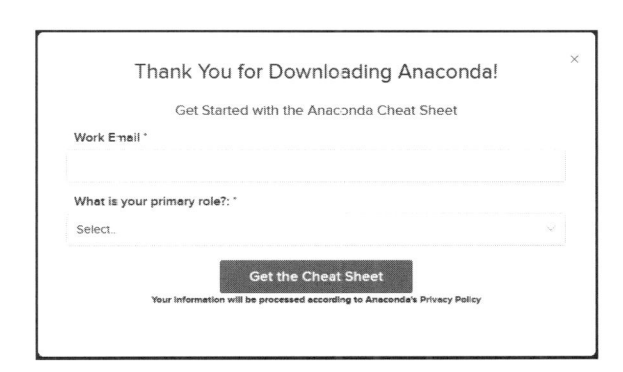

図1.3●e-mailアドレス登録の案内

ダウンロードが完了したら、ブラウザの下部に表示されるインストーラをクリックします。

図1.4●インストーラの起動

　インストーラが起動すると、Anaconda のバージョンやビット数の表示も行われますので、目的の Anaconda であることを確認し、「Next >」ボタンをクリックして次の画面に進みます。

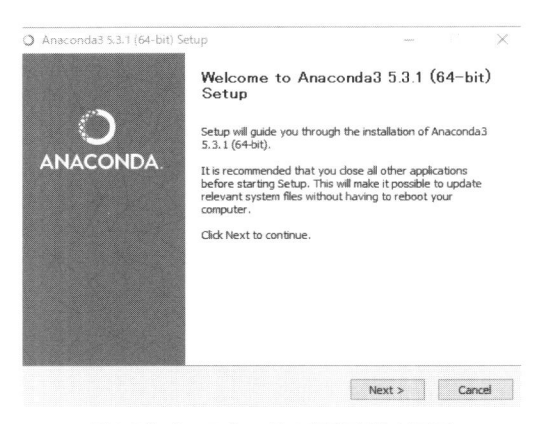

図1.5●インストーラの起動直後の画面

　ライセンスの確認画面が表示されるので、最後までスクロールしてライセンスを一通り確認し、「I Agree」ボタンをクリックして次の画面に進みます。

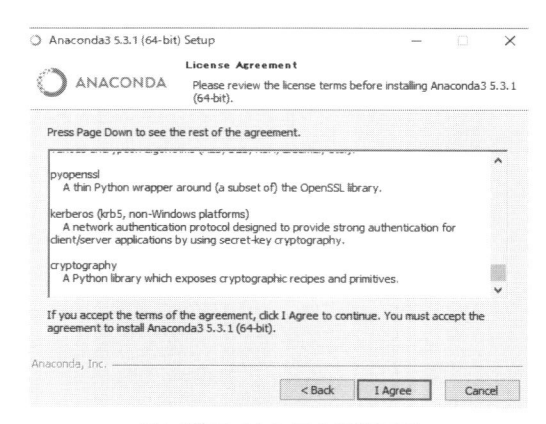

図1.6●ライセンスの確認画面

　ユーザーとしてインストールするか、全ユーザーへインストールするかを選択する画面が表示されます。ユーザーとして（Just Me）インストールすることが推奨されています。複数の人でパソコンを共用し、全員が同じバージョンの Anaconda を使用するような特殊な環境の場合のみ、「All Users」を選択してください。それ以外の場合は「Just Me」を選択し、「Next >」ボタンをクリックして次の画面に進みます。

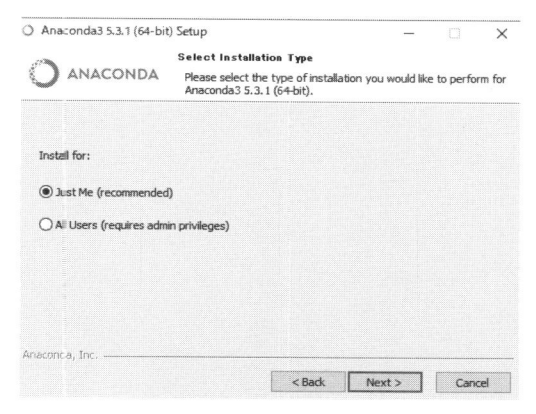

図1.7●インストール対象ユーザーの選択

　インストール先を選択する画面が表示されます。特別な理由がない限り変更する必要はない
でしょう。インストール先を確認・選択し「Next >」ボタンをクリックして、次の画面に進み
ます。c:¥Users の配下にインストールしたくない場合は、「Browse…」ボタンをクリックし、
適切な場所へインストールしてください。

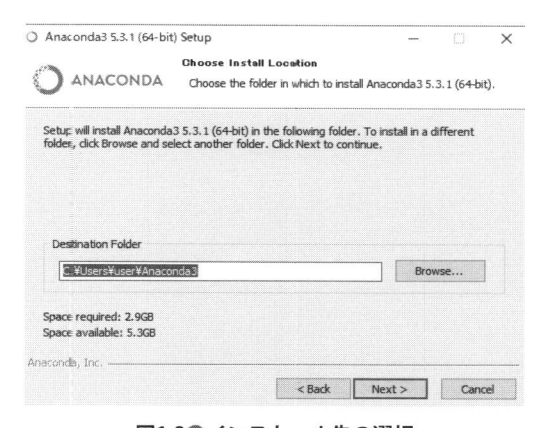

図1.8●インストール先の選択

　インストールのオプションを選択する画面が表示されます。特に変更の必要はありませんの
で、このまま「Install」ボタンをクリックし、インストールを開始します。「Add Anaconda
to my PATH environment variable」は、環境変数 PATH に Anaconda のフォルダを追加す
るか否かの選択肢です。最初の方に「Not recommended…」と記述されており推奨されてい
ません。これをチェックしなくても、コンソールを使用したいときは「Anaconda Prompt」
を使用すると Python へのパスは通っています。また、「Register Anaconda as my default

Python 3.7」は Anaconda をデフォルトの Python 3.7 として登録するか否かの選択肢です。これにチェックを付けておくと、インストールした Python がシステム上のプライマリとして扱われますので、ほかの開発ツール、例えば Visual Studio などが、この Python（Anaconda）を自動で認識します。詳細は表示されているメッセージを参照してください。

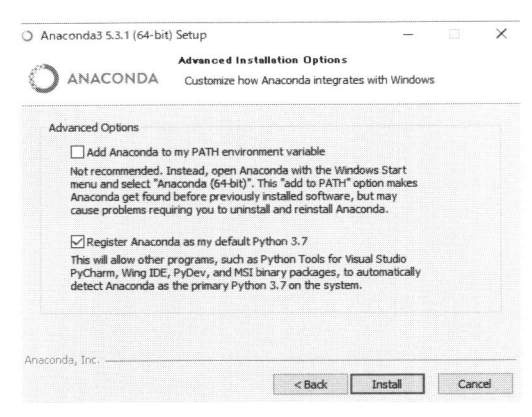

図1.9●インストールのオプションの選択

しばらくインストール作業が続くので、完了を待ちます。

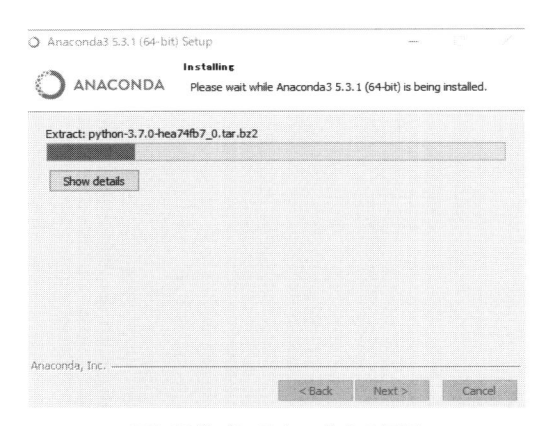

図1.10●インストール中の画面

　インストールが完了すると、次のように「Completed」という表示に変わります。「Next >」をクリックして次の画面に進みます。示した画面は「Show details」ボタンをクリックした状態です。クリックしないと、インストール状況は表示されません。

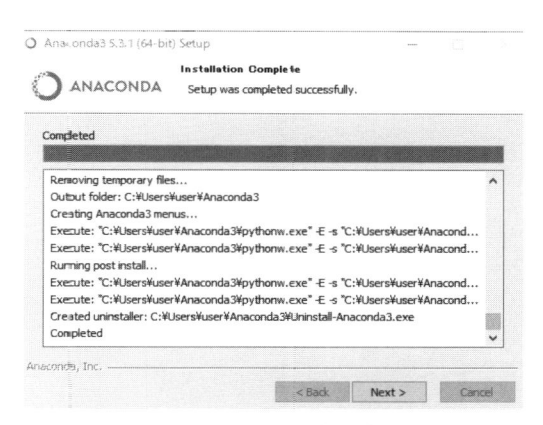

図1.11●インストール完了時の画面

コードエディターである Visual Studio Code のインストール確認を行う画面が表示されます。本書では、Visual Studio Code を使用しないため、「Skip」ボタンをクリックして次の画面に進みます。

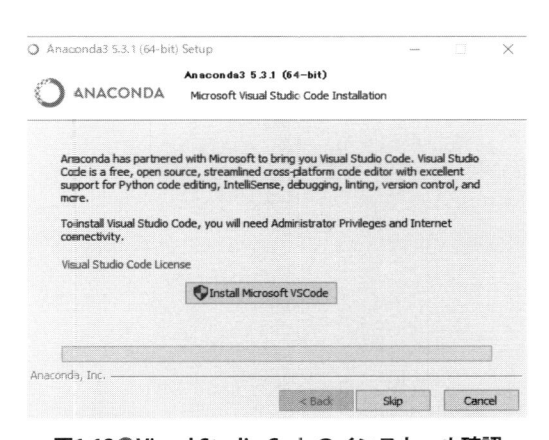

図1.12●Visual Studio Codeのインストール確認

　インストール作業が終わったことを表す画面が表示されます。「Finish」ボタンをクリックし、インストーラを終了させます。二つのチェックボックスにチェックしているので、学習用の画面が立ち上がりますが、必要なければ閉じてください。いずれにしても Anaconda はインストールされています。

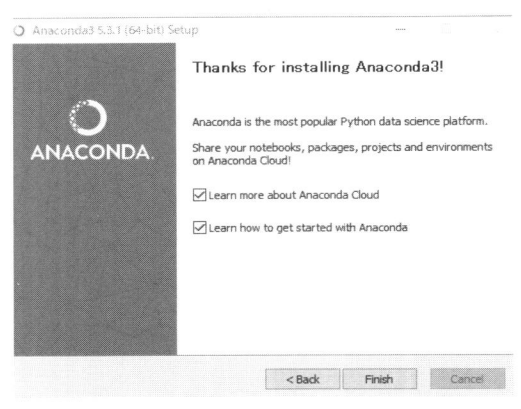

図1.13●インストーラの終了

1.2
Spyder の起動

　ここでは、Anaconda にパッケージされている IDE の Spyder を起動する方法を説明します。

　Anaconda のインストールが完了すると、スタートメニューに Anaconda のフォルダが追加されます。この中に各種ツールを起動できる Anaconda Navigator というソフトウェアがあるので、Anaconda Navigator を起動しましょう。Anaconda Navigator は、Anaconda のフォルダだけでなく、スタートメニューの「最近追加されたもの」にも表示されるので、そちらから起動しても構いません。

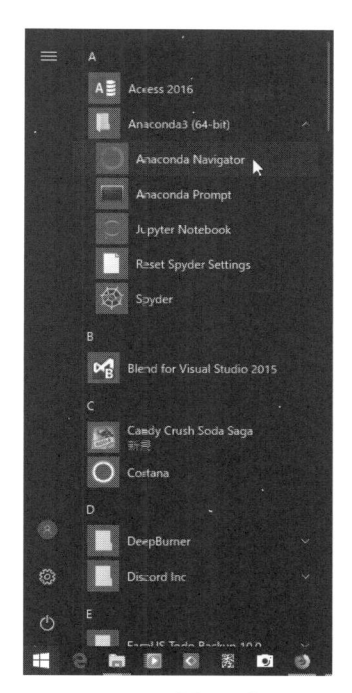
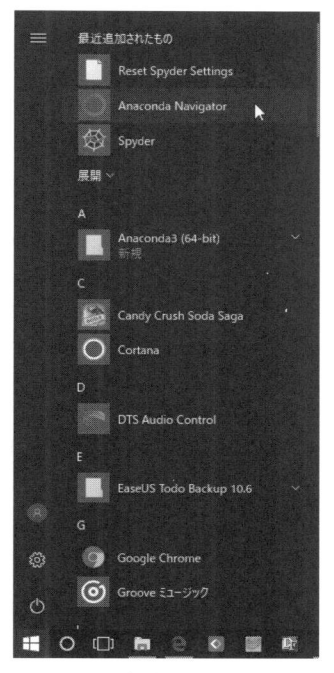

図1.14●Anaconda Navigatorの起動

　最初の実行で、Anacondaの改善に協力するか否かを求められます。ここでは、何も変更せず「OK, and don't show again」ボタンをクリックします。つまり、改善に協力し、この画面を次回以降表示させないようにします。メッセージにあるように、この設定はいつでも変更可能です。

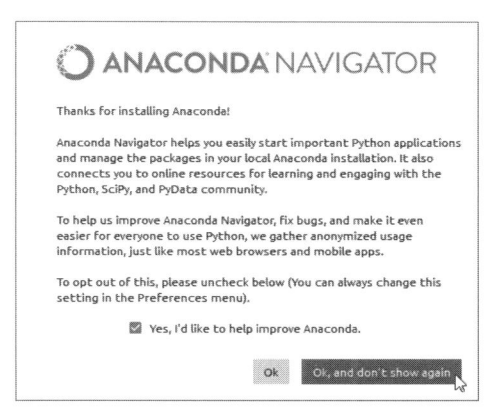

図1.15●Anacondaの改善に協力するか否かの確認

　Anaconda Navigator が 起 動 す る と、 図 1.16 に 示 す 画 面 が 現 れ ま す。 左 側 に、Environments、Learning、Community や Documentation などが存在します。これらはとても有益ですが、本題からそれるので、ここでは説明を割愛します。

　Spyder の欄にある「Launch」ボタンをクリックし、Spyder を起動します。

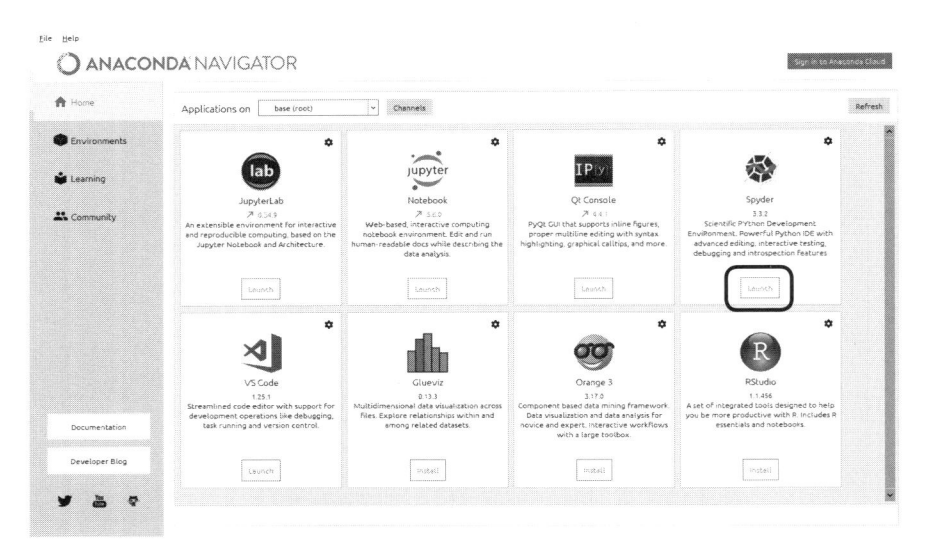

図1.16●Anaconda Navigatorの画面

　しばらくすると Spyder が起動します。起動前に、ファイアーウォールが警告を発する場合がありますので、そのような場合は通信を許可してください。

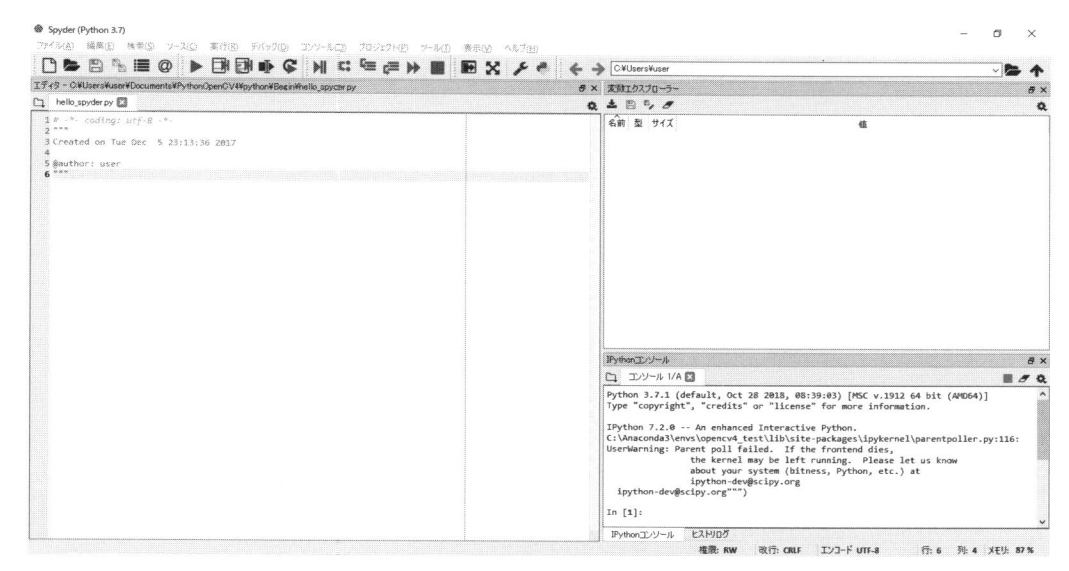

図1.17●Spyderの画面

Spyder での Python プログラムの作成方法は次節「はじめての Python プログラム」で詳しく説明しますが、Python や Spyder のインストールに問題がないか確認したいので、「Hello Python」とコンソールに表示する簡単なプログラムを作成してみましょう。

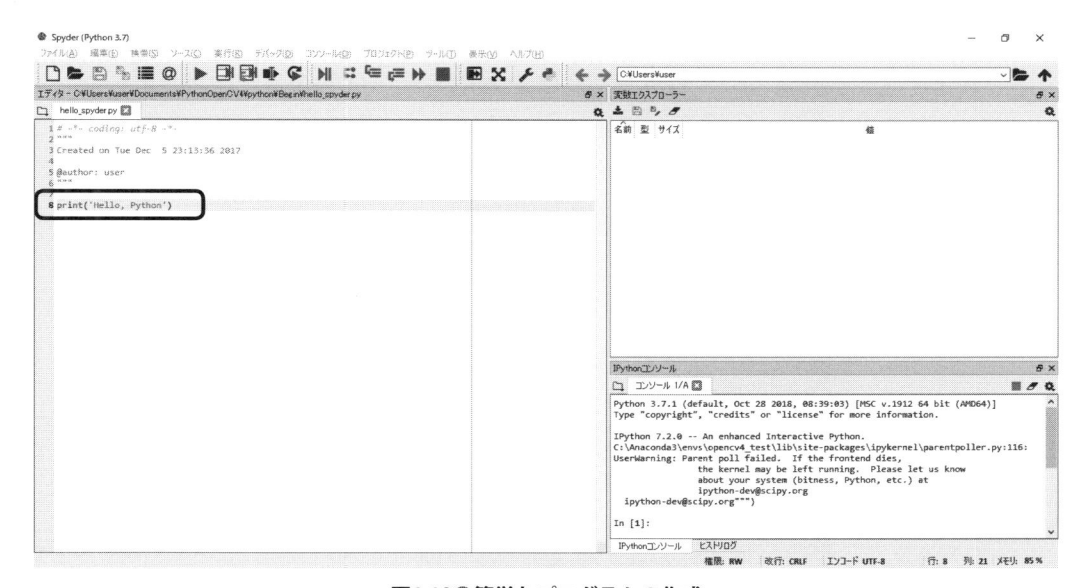

図1.18●簡単なプログラムの作成

　左側のエディタにソースコードを記述します。図 1.18 のように「print('Hello Python')」と記述してください。実行するには ▶ をクリックします。ファイルを保存していない場合は、「ファイルを保存」ダイアログが出てくるので、任意の名前でファイルを保存してください。その後、最初の実行では図 1.19 の画面が現れます。コンソールの選択、コマンドラインや作業ディレクトリなどを指定できます。ここでは何も変更せず「実行」ボタンをクリックします。

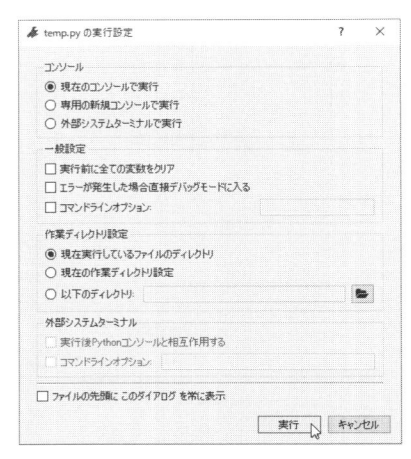

図1.19●実行設定の画面

　右下のコンソールに実行結果が表示されます。

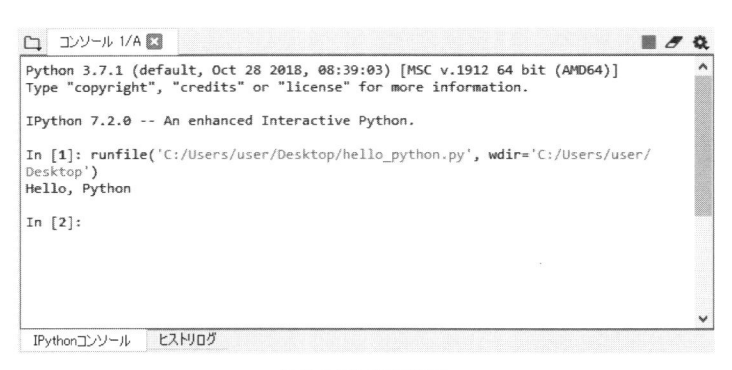

図1.20●実行結果

　以上で、Spyder の起動方法の説明は終了です。今回は Spyder を Anaconda Navigator 経由で起動しましたが、Anaconda Navigator を使用する必要がないときは、直接 Spyder を起動しても構いません。

1.3
はじめての Python プログラム

　Spyder を使用して簡単なプログラムを開発します。これは、開発環境が正常にインストールされているか検査することも兼ねています。Spyder もほかの IDE 同様、メニューと、使用頻度の高い操作をショートカットするためのアイコンが用意されています。最初はなるべくアイコンを使用せず、メニューから操作してプログラムを開発する例を紹介します。

　プログラムファイルを作成します。メニューの［ファイル］→［新規ファイル］を選択するか、あるいは、ツールバーの「新規ファイル」アイコンをクリックします。

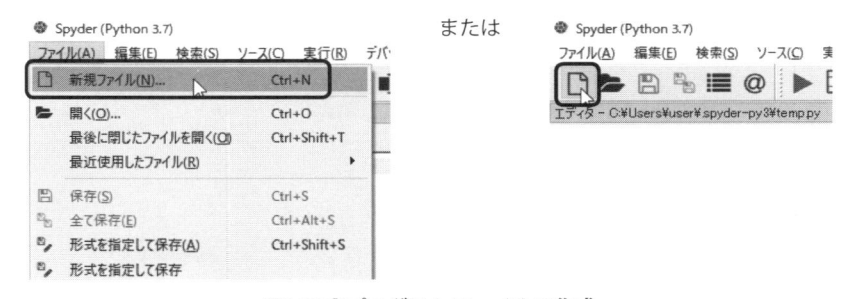

図1.21●プログラムファイルの作成

　すると、「タイトル無し 0.py」というファイルが作成され、エディタに表示されます。ファイルを保存しなければファイルを実行できないので、ファイル名を指定して保存を行います。メニューの［ファイル］→［保存］を選択するか、あるいは、ツールバーの「保存」アイコンをクリックします。

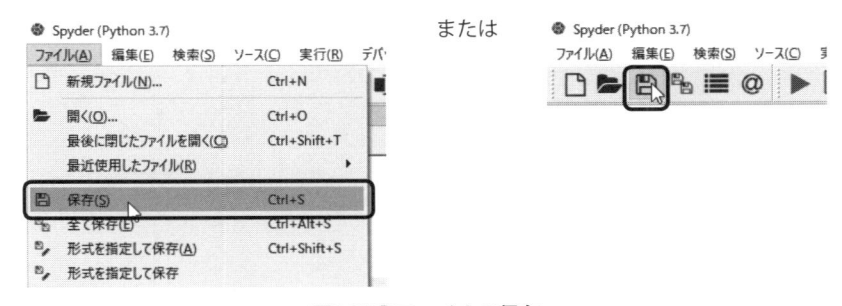

図1.22●ファイルの保存

　「ファイルを保存」ダイアログが表示されます。今回はデスクトップに「hello_spyder.py」という名前で保存を行います。

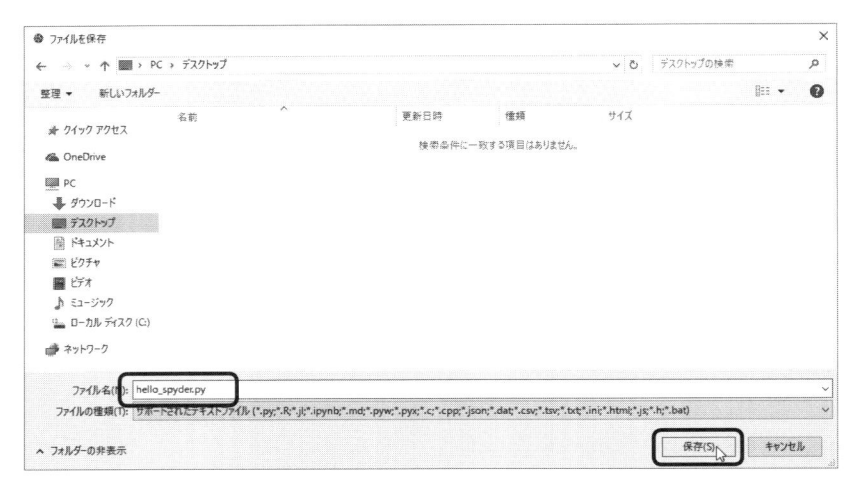

図1.23●名前を入力して保存

　このソースコードに一行を追加し、プログラムを完成させます。

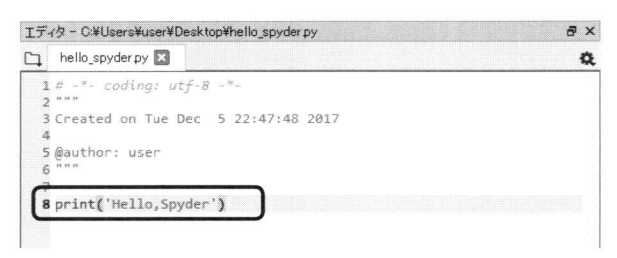

図1.24●ソースコードに一行追加

　コード入力中に［Ctrl］+［Space］を押すと、入力に応じて関数や変数の候補が表示されます。随時、有効に使いましょう。Spyder は、ほかにも多くの支援機能が備わっていますので、順次学習しておくと開発効率が向上します。

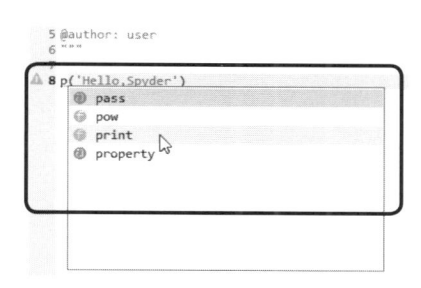

図1.25●関数・変数の候補

　プログラムが完成したので、メニューの［実行］→［実行］を選択するか、あるいは、ツールバーの「実行」アイコンをクリックします。

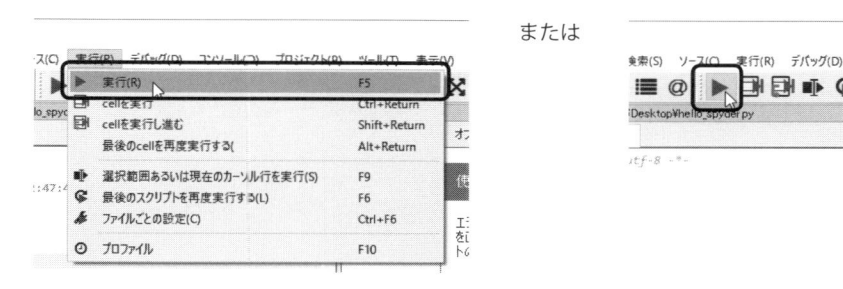

図1.26●プログラムの実行

　最初の実行では「ファイルごとの実行設定」ダイアログが表示されますが、今回は特に設定を変更する必要はないので、変更せずに「OK」ボタンをクリックします。

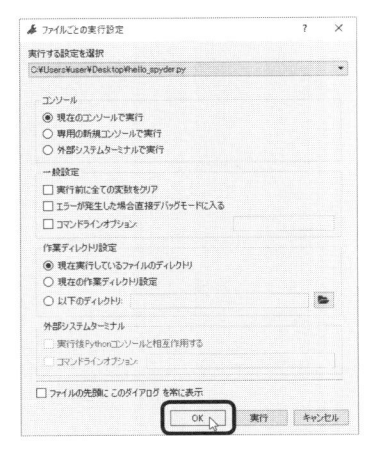

図1.27●実行設定

　プログラムが実行され、IDE の下にあるコンソールビューに文字列が出力されます。Spyder
上で実行するときには、ここが標準入出力の端末となります。

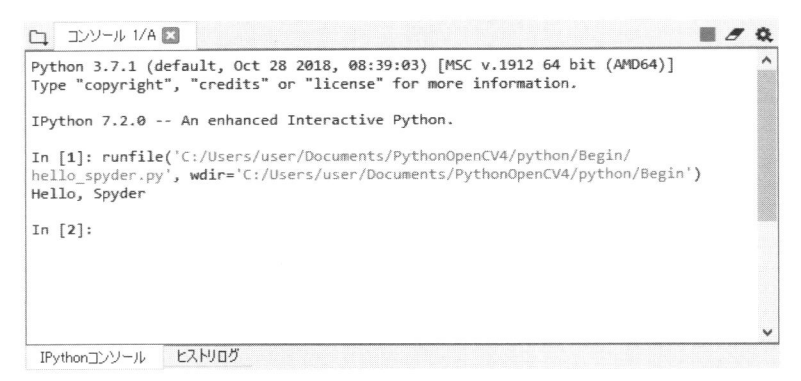

図1.28●文字列が表示される

　以上で、Spyder を使用した Python プログラムの開発の説明は終了です。Spyder を使用し
た開発に関して説明しましたが、他にも IDE は数多くあるので、目的や自分の好みにあったも
のを使用してください。

1.4
OpenCV のインストール

　Anaconda のインストールが完了したので、Python の使用は可能になりました。しかし、Anaconda には OpenCV は含まれていないので、追加インストールが必要です。

　サードパーティのソフトウェアに言えることですが、利用は使用者の責任ですので、利用法は自身で調査が必要です。とはいえ、たいていの場合、親切な情報や環境は用意されていることが多いです。ただし、最新版を使用したければ自身で調査する、あるいは自身でリビルドするなどの作業が必要です。

　では、OpenCV のインストールの一例を説明します。Anaconda Prompt を起動します。

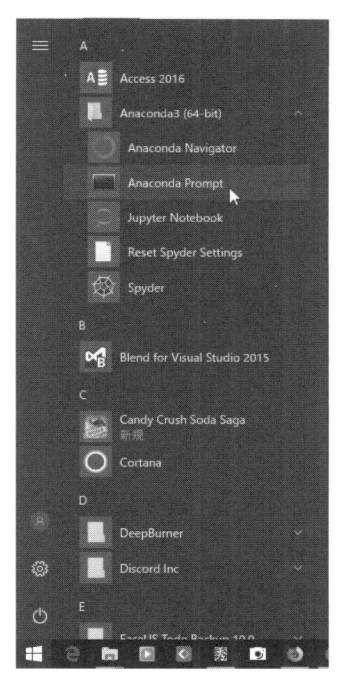

図1.29●Anaconda Promptの起動

　Anaconda Prompt で「pip install opencv-python」を入力し、実行すると、OpenCV がインストールされます。なお、本パッケージは MIT ライセンスを採用しています。

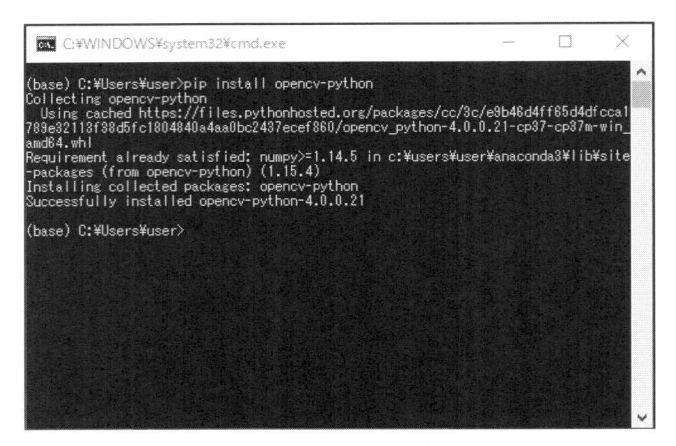

1.30●OpenCVのインストール

　インストールが正常にできたかの確認は、次節「OpenCV のインストール確認」で行います。

　前記の方法で、通常は正常にインストールできます。しかし、うまくいかない場合や異なるバージョンのモジュールをインストールしたい場合は、インターネットから whl ファイルを入手し、pip コマンドを使用してインストールします。まず、whl ファイルを入手します。https://www.lfd.uci.edu/~gohlke/pythonlibs/#opencv から、自身の環境に合うファイルをダウンロードします。今回は、opencv のバージョンが 4.0.0 で、python のバージョンが 3.7、Windows の bit 数が 64 用の opencv_python-4.0.0-cp37-cp37m-win_amd64.whl をダウンロードします。

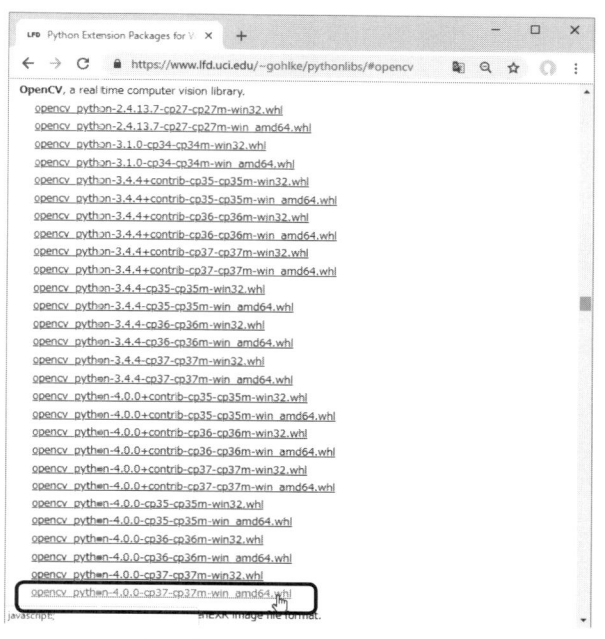

図1.31●whlファイルのダウンロード

　ファイル名をクリックすると、whlファイルがダウンロードされます。本サイトが用意している
ファイルは、Christoph Gohlke, Laboratory for Fluorescence Dynamics, University of
California, Irvine によって提供されている、非公式の Python 拡張パッケージ用のバイナリで
す。ファイルは、いかなる保証やサポートもありません。品質と性能に関するすべてのリスク
は利用者にあります。詳細は、whl ファイルをダウンロードしたページの先頭を読んでくださ
い。もし、これらに不満があれば、自身で Python 拡張パッケージをビルドしてください。な
お、本パッケージは MIT ライセンスを採用しています。

　ダウンロードが完了したら、Anaconda の Scripts フォルダへ移動し、pip コマンドに先ほどの whl ファイルを指定します。必ずしも Anaconda のフォルダへ移動する必要はありませんが、ここでは Scripts フォルダへ移動した例を示します。

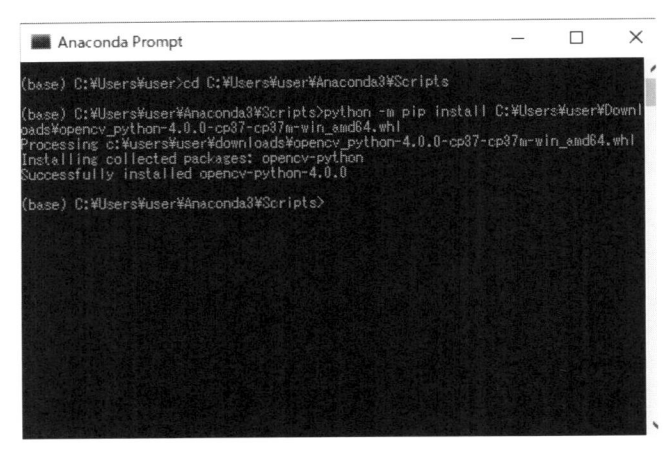

図1.32●whlファイルによるOpenCVのインストール

```
(base) C:¥Users¥user>cd C:¥Users¥user¥Anaconda3¥Scripts

(base) C:¥Users¥user¥Anaconda3¥Scripts>python -m pip install C:¥Users¥user¥Downloads
¥opencv_python-4.0.0-cp37-cp37m-win_amd64.whl
Processing c:¥users¥user¥downloads¥opencv_python-4.0.0-cp37-cp37m-win_amd64.whl
Installing collected packages: opencv-python
Successfully installed opencv-python-4.0.0

(base) C:¥Users¥user¥Anaconda3¥Scripts>
```

　以上で OpenCV のインストールは完了です。

1.5
OpenCV のインストール確認

Python から OpenCV を使用できるか、簡単なプログラムで確認してみましょう。

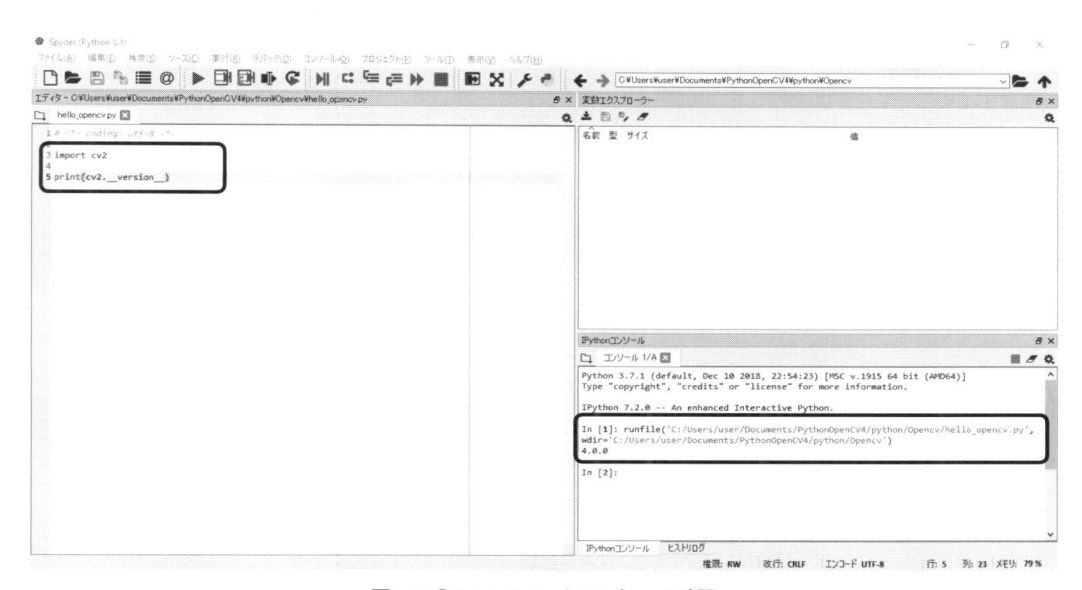

図1.33●OpenCVのインストール確認

OpenCV のバージョンを表示するプログラムを実行し問題が起きなければ、OpenCV が正常にインストールできています。少なくとも「import cv2」へエラーが表示されていなければ、OpenCV は正常にインストールされています。以降にプログラムのソースリストと実行結果を示します。

リスト1.1●hello_opencv.py

```python
import cv2

print(cv2.__version__)
```

実行結果

```
4.0.0
```

※実行結果は OpenCV のバージョンに左右されます。

はじめての
OpenCV プログラム

Anaconda に 続 き Python 用 の OpenCV パッケージのインストールが完了しました。そこで、Python から OpenCV を使う簡単なプログラムを開発しましょう。章 の 初 め で、OpenCV の 概 要、ならびに OpenCV3、OpenCV4 以降の変更などについて解説し、その後にプログラムを開発します。また、Python から OpenCV を使用するときに、OpenCV のバージョンにそれほど注意する必要はありませんが、OpenCV 2.x と OpenCV 3.x は、大幅に変更されたので簡単に解説します。

2.1
OpenCV とは

　OpenCV（Open Source Computer Vision Library）は、画像処理を行う膨大な関数を用意したライブラリです。一般的な二次元の画像処理、ヒストグラム処理、ポリゴン処理、テンプレートマッチング、オプティカルフロー、および顔認識など多様なアプリケーションを開発できる関数群を用意しています。OpenCV を利用すると、数行のコードを記述するだけで簡単な画像処理プログラムを開発できます。このような環境は単に OpenCV だけがもたらしてくれたわけではなく、ハードウェアやオペレーティングシステムの進歩と相まって提供されています。OpenCV で利用可能な機能を示します。

- フィルタ処理
- 行列演算処理
- オブジェクト追跡処理
- 領域分割処理
- カメラキャリブレーション処理
- 特徴点抽出処理
- 物体認識処理
- 機械学習処理
  - Deep Learning
- パノラマ合成処理
- コンピュテーショナルフォトグラフィ処理
- GUI（ウィンドウ表示、トラックバーなど）
- カメラキャプチャ、動画ファイル処理

　OpenCV は、2006 年に 1.0 がリリースされ、順次バージョンアップが繰り返され、現在のバージョン 4.x がリリースされました。2009 年にメジャーバージョンアップが行われ、バージョン 2.0 がリリースされ、しばらく 2.4.x 系のリリースが続きましたが、2015 年にバージョン 3.0 がリリースされました。その後、2018 年にバージョン 4.0 がリリースされました。

2.2
OpenCV 3、OpenCV 4 の特徴と変更点

本節では、OpenCV 3 と OpenCV 4 の特徴と変更点について簡単に解説します。説明の都合上、バージョン 3.0 以降の拡張に限らない項目も含まれます。また、OpenCV 3 と OpenCV 4 のそれぞれに関して、執筆時の最新のバージョンであるバージョン 3.4.4 およびバージョン 4.0.0 を元に説明します。

2.2.1　OpenCV 3

本項は、既にバージョン 3 を使用中の方、あるいは OpenCV を初めて使用する人（バージョン 4.x から）は読み飛ばして構いません。ここでは、バージョン 2 から 3 で行われた変更点を紹介します。これらの変更は、バージョン 4 にも引き継がれたものが少なくありません。バージョン 2.x から 4.x へ移行する人は、バージョン 3 で行われた拡張や変更を一読しておくと良いでしょう。バージョン 3 は、バージョン 2 と同様な使い方は可能ですが、モジュール構成などが大きく変わりました。なお、Python から OpenCV を使用する際は、モジュール構成について、それほど留意する必要はありません。

■ モジュール構成

OpenCV 3 では、モジュール構成の変更がありました。すべての変更点についてまとめることも考えましたが、3.x のマイナーバージョンのアップデートでも、少なくない変更があり、モジュール構成の変更をまとめることに意味があるとは思えないため、注意点のみをまとめます。

OpenCV 3.x では OpenCV 2.4.x のモジュールの一部が、機能ごとに分割されます。そのため、OpenCV 2.4.x のコードを 3.x でも流用する場合は注意が必要で、特に highgui に注意が必要です。highgui と gpu の細分化が大きいため、以下に表で示します。

表2.1●バージョンによるモジュール構成の違い

2.4.x	3.x	説明
highgui	highgui	GUI 関係
	cv2	コーデック
	videoio	動画ファイルの入出力、カメラキャプチャ

2.4.x	3.x	説明
gpu	cudaarithm	細かく細分化されます。モジュール名から機能を想像してください。詳細は OpenCV のドキュメントを参照してください。
	cudabgsegm	
	cudacodec	
	cudafeatures2d	
	cudafilters	
	cudaimgproc	
	cudalegacy	
	cudaobjdetect	
	cudaoptflow	
	cudastereo	
	cudawarping	
	cudev	

■ サポート OS

OpenCV 3 では、以下に示す OS がサポートされます。

［デスクトップ OS］
- Windows
- Linux
- Android
- Mac OS
- FreeBSD
- OpenBSD

［モバイル OS］
- Android
- Maemo
- iOS

　一般的なデスクトップ OS をサポートしていますので、パソコンで動作させることはもちろんですが、モバイル端末用の OS もサポートしています。ですので、モバイル端末のアプリケーションソフトウェアで利用することも可能です。Linux もサポートしているため、各社の Linux 対応の embedded 機器へも応用が可能でしょう。

■ サポート言語

OpenCV 3 では、以下の言語がサポートされています。

- C++
- Python
- Java
- C

OpenCV 3 では C API はメンテナンス対象外です。今回は Python を使用するので関係ありませんが、C++ を使用する際には C API を使用するのは避ける方が賢明です。

■ サポート画像フォーマット

OpenCV は、以下の画像フォーマットをサポートしています。

表2.2●サポートされる画像フォーマット

フォーマット	拡張子
Windows bitmap	.bmp、.dib
JPEG	.jpeg、.jpg、.jpe
JPEG 2000	.jp2
Portable Network Graphics	.png
WebP	.webp
Portable image	.pbm、.pgm、.ppm、.pxm、.pnm
Sun rasters	.sr、.ras
TIFF	.tiff、.tif
OpenEXR Image	.exr
Radiance HDR	.hdr、.pic
Raster and Vector geospatial data supported by GDAL	

バージョンアップによって変更される点も多いと予想されるので、あくまで参考にとどめ、詳細については自身が使用するバージョンのドキュメントやソースコードを参照してください。ドキュメントと実際のコードに矛盾があることはオープンソースなどでは、良くあることなので自身で解決する努力も必要です。

■ 2.2.2 OpenCV 4

OpenCV 4 はバージョン 3.0 がリリースされてから、約 3.5 年を経てリリースされました。OpenCV 公式のリリースノートより、主な変更点を以下に示します。

- C++11 ライブラリを使用しており、C++11 準拠のコンパイラを必要とします。また、CMake のバージョンは 3.5.1 以上である必要があります。
- OpenCV バージョン 1.x からサポートしていた多くの C API は削除されました。
- core モジュール内の XML、YAML、または JSON へ／からの構造化データの格納と読み込みが C++ で完全に再実装されました。それにより、C API は削除されました。
- 新しいモジュールである G-API が追加されました。G-API は非常に効率的なグラフベースの画像処理パイプラインのエンジンとして機能します。
- dnn モジュールは、OpenVINO™ ツールキット R4 の Deep Learning Deployment Toolkit で更新されました。詳細は、DLDT サポートで OpenCV を使用する方法のガイドを参照してください。
- dnn モジュールには実験的な Vulkan バックエンドが含まれており、ONNX 形式のネットワークをサポートしています。
- Kinect Fusion アルゴリズムが、CPU と GPU（OpenCL）用に実装され、最適化されています。
- QR コード検出器とデコーダが objdetect モジュールに追加されました。
- より詳細な説明は、4.0-alpha（https://opencv.org/opencv-4-0-0-alpha.html）、4.0-beta（https://opencv.org/opencv-4-0-0-beta.html）、4.0-rc（https://opencv.org/opencv-4-0-0-rc.html）のリリースノートおよび changelog を参照してください。

OpenCV4 では、モジュール構成、サポート OS、サポート画像フォーマットに関して、OpenCV 3.4 から大きな変更がないので、説明を省略します。

■ サポート言語

OpenCV 4 では、以下の言語がサポートされています。

- C++
- Python

- Java

OpenCV 4 では C API が削除されました。今回は Python を使用するので関係ありませんが、C++ を使用する際に C API を使用できないので注意してください。

2.3
NumPy モジュール

NumPy は Python で使用できる拡張モジュールです。次節「画像を生成するプログラム」や、以降の章で使用するため、予め説明を行います。Numpy は、ベクトルや行列などを表現できる多次元配列を効率的に数値計算するためのサポートを行い、サポートを操作するための大規模な高水準の数学関数ライブラリを提供します。画像は多次元配列オブジェクト（numpy.ndarray）で表現されるため、OpenCV では NumPy モジュールを利用して画像処理を行います。

Python は動的型付き言語であるため、C 言語や Java などの静的型付き言語と比較すると、数値計算を行う際に大幅に時間がかかります。そこで NumPy は、内部を C 言語（や Fortran）によって実装し、Python に対して型付きの多次元配列オブジェクト（numpy.ndarray）と、その配列に対する多数の演算関数や操作関数を提供することにより、非常に高速な数値計算を提供しています。したがって、目的の処理を大きな多次元配列（ベクトルや行列など）に対する演算として記述できれば、計算時間の大半は Python ではなく C 言語によるネイティブコードで実行されるようになり、数値計算を大幅に高速化することができます。

以降は、画像を表現する多次元配列オブジェクト numpy.ndarray（N-dimensional array）について説明を行います。numpy.ndarray は、Python の list を使用した多次元配列と似た構造ですが、list と比べ以下のような特徴を持っています。

- 配列内のすべての要素が同じデータ型である必要があります。
- 動的に配列のサイズの変更が可能ですが、固定のサイズを持っています。そのため、配列のサイズが変更された場合は、元の配列を削除し新しい配列を生成します（一部の例外を除く）。

● 配列が固定サイズで、配列のすべての要素が同じデータ型であるため、大量のデータを効率的に処理することができます。

また、numpy.ndarray は属性を持っています。よく使われる属性を以下の表に示します。

表2.3●numpy.ndarrayの属性

属性	説明
dtype	要素のデータ型
size	全要素数
itemsize	1 要素あたりのバイト数
nbytes	総バイト数
ndim	配列の次元数
shape	次元ごとのサイズ
strides	各次元を横断するのに必要なバイト数

示した表の中でも特によく使われる shape、ndim、dtype について説明を行います。

shape は、次元ごとのサイズを格納している tuple です。OpenCV で画像を読み込んだとき、グレイスケール画像の shape は (行数 , 列数)、カラー画像の shape は (行数 , 列数 , チャンネル数) となります。行数は画像の高さ（height）、列数は画像の幅（width）を表します。

ndim は配列の次元数で、shape で取得した tuple の要素数と同じ値になります。単純な一次元ベクトルの次元数は 1、グレイスケール画像の次元数は 2、カラー画像の次元数は 3 です。

dtype は要素のデータ型で、格納されるデータ型は、真偽値型（bool）、整数型（int）、符号なし整数型（uint）、浮動小数点数型（float）、複素数型（complex）の 5 つに分けることができます。OpenCV では主に int、uint、float が利用されますが、特にデータ型を指定しない場合は、自動的に適切な型が付与されます。

以上で NumPy モジュールの説明を終了します。詳細を知りたい場合は、NumPy モジュールのドキュメントを参照してください。

2.4
画像を生成するプログラム

　Python から OpenCV を使用する簡単なプログラムを作成します。まず、メニューの［ファイル］→［新規ファイル］を選択するか、あるいは、ツールバーの「新規ファイル」アイコンをクリックします。

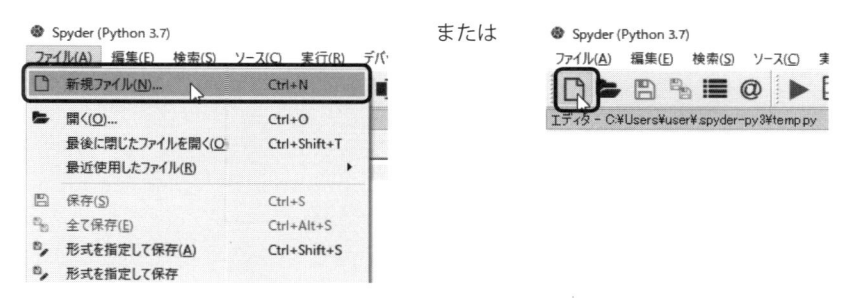

図2.1●新規ファイルの作成

　すると、「タイトル無し 0.py」というファイルが作成され、エディタに表示されます。ファイルを保存しなければプログラムを実行できないので、ファイル名を指定して保存を行います。メニューの［ファイル］→［保存］を選択するか、あるいは、ツールバーの「保存」アイコンをクリックします。

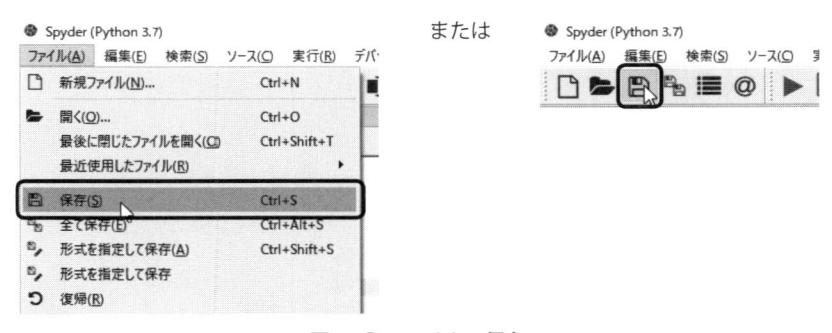

図2.2●ファイルの保存

「ファイルを保存」ダイアログが表示されます。今回は「create_img.py」という名前で保存を行います。

図2.3●名前を入力し保存

ソースを記述します。以降に、create_image.py のソースリストを示します。

```
1 # -*- coding: utf-8 -*
2
3 import numpy as np
4 import cv2
5
6 img = np.zeros((400, 400, 3), np.uint8)
7 img[:,:] = [255, 0, 0]
8 cv2.imwrite('c:/temp/blueImage.jpg', img)
9 cv2.imshow('img1', img)
10
11 img[:,:] = [0, 255, 0]
12 cv2.imwrite('c:/temp/greenImage.jpg', img)
13 cv2.imshow('img2', img)
14
15 img[:,:] = [0, 0, 255]
16 cv2.imwrite('c:/temp/redImage.jpg', img)
17 cv2.imshow('img3', img)
18
19 cv2.waitKey(0)
20 cv2.destroyAllWindows()
```

図2.4●create_img.pyのソース

リスト2.1●ソースリスト（create_img.py）

```
import numpy as np
import cv2


img = np.zeros((400, 400, 3), np.uint8)
```

```
img[:,:] = [255, 0, 0]
cv2.imwrite('c:/temp/blueImage.jpg', img)
cv2.imshow('img1', img)

img[:,:] = [0, 255, 0]
cv2.imwrite('c:/temp/greenImage.jpg', img)
cv2.imshow('img2', img)

img[:,:] = [0, 0, 255]
cv2.imwrite('c:/temp/redImage.jpg', img)
cv2.imshow('img3', img)

cv2.waitKey(0)
cv2.destroyAllWindows()
```

　本プログラムは、400 × 400 ピクセルの青、緑、赤の画像を生成し、生成した画像をファイル名 blueImage.jpg、greenImage.jpg、redImage.jpg で保存します。まず、OpenCV と NumPy モジュールを import します。次に、np.zero（numpy.zero）関数で、img を生成します。この段階では黒色の画像が生成されています。引数は 1 つ目に numpy.ndarray の shape 属性を tuple 型で指定します。グレイスケール画像の場合は (行数, 列数)、カラー画像の場合は (行数, 列数, チャンネル数) となります。行数は画像の高さ（height）、列数は画像の幅（width）を表します。2 つ目に各要素のデータ型を指定します。

　続けて、画像のすべてのピクセルを青（緑、赤）に変更します。各ピクセルは [青 , 緑 , 赤] の 3 つのチャンネルを持っており、各チャンネルの最大値は 255 です。そこで、img[:,:] とすることで画像のすべてのピクセルに対し、[255, 0, 0]（[0, 255, 0]、[0, 0, 255]）を代入し、色を変更します。生成した img を cv2.imwrite 関数でファイルへ格納し、最後に cv2.imshow 関数で生成した img をウィンドウ表示します。

list 型、numpy.ndarray 型の範囲指定（スライス）

Python では、list 型や numpy.ndarray 型で要素への値の代入などを行う際に、スライスと呼ばれる操作で範囲指定を行うことができます。**[開始インデックス : 終了インデックス]** の形式で、リストの範囲を指定することができます。また、開始インデックスを省略すると左端（インデックス 0）から、終了インデックスを省略すると右端までの範囲となります。list 型、numpy.ndarray 型の一次元での操作の例を以下に示します。

```
#list型の変数を作成
>>> list = ['a', 'b', 'c', 'd', 'e']
#インデックス0の要素を参照
>>> list[0]
'a'
#インデックス1から3までの要素を参照
>>> list[1:4]
['b', 'c', 'd']
#左端からインデックス3までの要素を参照
>>> list[:4]
['a', 'b', 'c', 'd']
#インデックス1から右端までの要素を参照
>>> list[1:]
['b', 'c', 'd', 'e']
#インデックス0の要素に'A'を代入
>>> list[0] = 'A'
>>> list
['A', 'b', 'c', 'd', 'e']
#インデックス1の要素に'B'を代入
>>> list[1] = 'B'
>>> list
['A', 'B', 'c', 'd', 'e']
#インデックス2から末尾までの要素に['C', 'D', 'E']を代入
>>> list[2:] = ['C', 'D', 'E']
>>> list
['A', 'B', 'C', 'D', 'E']
#list型では、代入する要素数が左辺の要素数より少ないと、リストが縮小
>>> list[:] = 'A'
>>> list
['A']
```

```
>>> import numpy as np
# numpy.ndarray型の変数を作成
>>> img = np.full(5, ['a', 'b', 'c', 'd', 'e'])
>>> img
array(['a', 'b', 'c', 'd', 'e'], dtype='<U1')
#numpy.ndarray型では、代入する要素数が左辺の要素数より少ない場合でも、指定した範囲すべ
てに対して代入
>>> img[:] = 'A'
>>> img
array(['A', 'A', 'A', 'A', 'A'], dtype='<U1')
>>>
```

また、numpy.ndarray 型の多次元での操作の例を以下に示します。

```
>>> import numpy as np
#行数400、列数400、3チャンネルですべての要素が0のnumpy.ndarray型の変数を作成
>>> img = np.zeros((400, 400, 3), np.uint8)
>>> img
array([[[0, 0, 0],
        [0, 0, 0],
        [0, 0, 0],
         ⋮
        [0, 0, 0],
        [0, 0, 0],
        [0, 0, 0]],
         ⋮
       [[0, 0, 0],
        [0, 0, 0],
        [0, 0, 0],
         ⋮
        [0, 0, 0],
        [0, 0, 0],
        [0, 0, 0]]], dtype=uint8)
#0行0列目の要素に[255, 0, 0]を代入
>>> img[0, 0] = [255, 0, 0]
>>> img
array([[[255,   0,   0],
        [  0,   0,   0],
        [  0,   0,   0],
         ⋮
        [  0,   0,   0],
```

```
         [  0,   0,   0],
         [  0,   0,   0]],

          ⋮

        [[  0,   0,   0],
         [  0,   0,   0],
         [  0,   0,   0],

          ⋮

         [  0,   0,   0],
         [  0,   0,   0],
         [  0,   0,   0]]], dtype=uint8)
#すべての行の0列目に[255, 0, 0]を代入
>>> img[:, 0] = [255, 0, 0]
>>> img
array([[[255,   0,   0],
         [  0,   0,   0],
         [  0,   0,   0],

          ⋮

         [  0,   0,   0],
         [  0,   0,   0],
         [  0,   0,   0]],

          ⋮

        [[255,   0,   0],
         [  0,   0,   0],
         [  0,   0,   0],

          ⋮

         [  0,   0,   0],
         [  0,   0,   0],
         [  0,   0,   0]]], dtype=uint8)
#すべての行のすべての列に[255, 0, 0]を代入
>>> img[:, :] = [255, 0, 0]
>>> img
array([[[255,   0,   0],
         [255,   0,   0],
         [255,   0,   0],

          ⋮ )

         [255,   0,   0],
         [255,   0,   0],
         [255,   0,   0]],

          ⋮

        [[255,   0,   0],
         [255,   0,   0],
         [255,   0,   0],
```

```
        ⋮
      [255,   0,   0],
      [255,   0,   0],
      [255,   0,   0]]], dtype=uint8)
 >>>
```

ソースが完成したので、メニューから［実行］→［実行］を選択します。

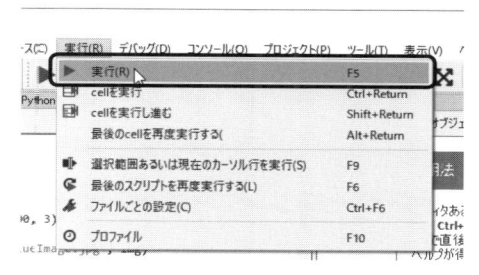

図2.5●プログラムの実行

create_img.py が実行され、青色の blueImage.jpg、緑色の greenImage.jpg、赤色の redImage.jpg が生成されています。

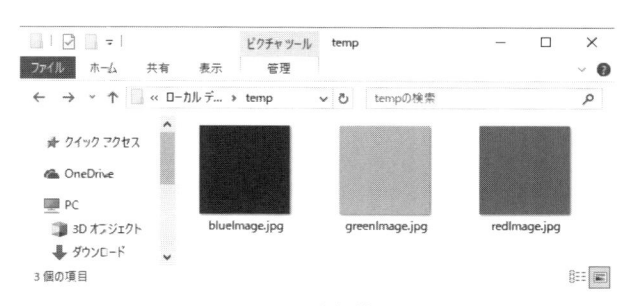

図2.6●実行結果

2.5
画像の読み込み、書き込みを行うプログラム

　もう一つ OpenCV らしい簡単なプログラムを作成します。先ほどと同じ手順で read_write. py を作成します。ソースリストを以降に示します。

リスト2.2●ソースリスト（read_write.py）

```
import cv2                                    #OpenCVライブラリ

img = cv2.imread('c:/temp/Lenna.jpg')        #画像ファイルの読み込み

cv2.imwrite('c:/temp/ReadWrite.jpg', img)    #出力画像の保存
```

　本プログラムは、「Lenna.jpg」という画像ファイルを読み込み、「ReadWrite.jpg」という名前で書き込むプログラムです。実行するには、C:/temp に Lenna.jpg というファイルが存在しなければなりません。

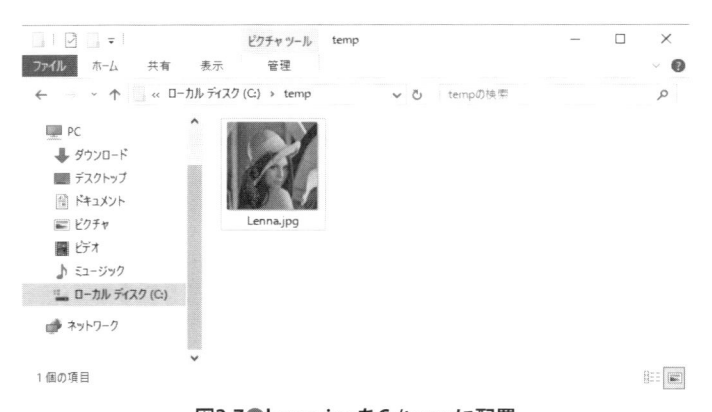

図2.7●lenna.jpgをC:/tempに配置

　本プログラムは Lenna.jpg が存在しなくても一見正常に動作したような挙動を示します。これは、一切のエラーチェックを行っていないためです。正常に処理されたようにプログラムは終了しますが、書き込まれた画像ファイル ReadWrite.jpg は無効な画像ファイルです。

　C:/temp に Lenna.jpg を作成したら、read_write.py を実行します。C:/temp に ReadWrite.

jpg が生成されます。

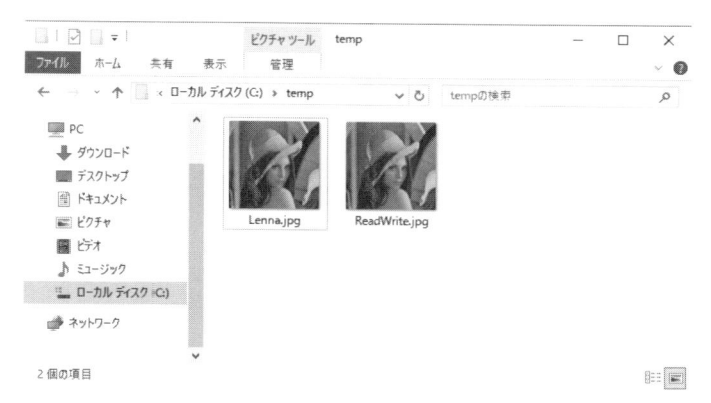

図2.8●実行結果

2.6
関数の説明

■ imread（cv2）···

ファイルから画像を読み込みます。

形式

cv2.imread(filename[, flags]) → retval

引数

string **filename**　読み込むファイル名です。

int **flags** = cv2.IMREAD_COLOR

　　　　　　　　読み込む画像のカラーの種類です。

flags	値	説明
cv2.IMFEAD_ANYDEPTH	2	16 ビット／32 ビットの場合、対応したビット数の画像が返されます。 そうでなければ 8 ビットへ変換されます。

flags	値	説明
cv2.IMREAD_COLOR	1	画像は、強制的に 3 チャンネルカラー画像として読み込まれます。
cv2.IMREAD_GRAYSCALE	0	画像は、強制的にグレイスケール画像として読み込まれます。
cv2.IMREAD_UNCHANGED	−1	画像は、変換されずに読み込まれます。

戻り値

numpy.ndarray **retval**　　画像データを格納した配列です。

説明

　指定したファイルから画像を読み込みます。もし、読み込みに失敗したり、アクセスが制限されていたり、あるいはサポートしていないファイルフォーマットの指定がされていた場合、空の配列が返されます。現在は以下のファイルフォーマットがサポートされています。

フォーマット	拡張子
Windows bitmap	.bmp、.dib
JPEG	.jpeg、.jpg、.jpe
JPEG 2000	.jp2
Portable Network Graphics	.png
WebP	.webp
Portable image	.pbm、.pgm、.ppm、.pxm、.pnm
Sun rasters	.sr、.ras
TIFF	.tiff、.tif
OpenEXR Image	.exr
Radiance HDR	.hdr、.pic
Raster and Vector geospatial data supported by GDAL	

　サポートしているファイルは、プラットフォームや OpenCV のバージョンに依存しているため、詳細は使用中のバージョンに適合した OpenCV のドキュメントを参照してください。

■ imwrite（cv2）

画像をファイルに保存します。画像フォーマットは指定したファイル名の拡張子で決定されます。

形式

cv2.imwrite(filename, img[, params]) → retval

引数

string **filename**　画像ファイルの名前です。画像フォーマットは、本引数の拡張子により決定されます。サポートしているファイルフォーマットを表で示します。

フォーマット	拡張子
Windows bitmap	.bmp、.dib
JPEG	.jpeg、.jpg、.jpe
JPEG 2000	.jp2
Portable Network Graphics	.png
WebP	.webp
Portable image	.pbm、.pgm、.ppm、.pxm、.pnm
Sun rasters	.sr、.ras
TIFF	.tiff、.tif
OpenEXR Image	.exr
Radiance HDR	.hdr、.pic
Raster and Vector geospatial data supported by GDAL	

※全てのプラットフォームがサポートしているとは限らないため、自身の環境で確認してください。

numpy.ndarray **img**　保存する画像です。

tuple もしくは list **params** = None

画像フォーマットごとの保存パラメータです。

保存パラメータ	説明
cv2.IMWRITE_JPEG_QUALITY	JPEG フォーマットの画像品質です。0 から 100 までの範囲（値が大きいほうが画像品質が高い）で指定します（デフォルト値は 95）。

保存パラメータ	説明
cv2.IMWRITE_PNG_COMPRESSION	PNG フォーマットの圧縮レベルです。0 から 9 まで範囲（値が高いほうが圧縮率は高く、圧縮時間が長い）で指定します（デフォルト値は 3）。また、可逆圧縮方式なので、どの値にしても画像品質は変わりません。
cv2.IMWRITE_PXM_BINARY	PPM、PGM、PBM フォーマットのバイナリフラグです。0 もしくは 1 を指定します（デフォルト値は 1）。これらフォーマットにはテキスト形式（0）とバイナリ形式（1）がありますが、内容的には同じものです。

戻り値

bool **retval**　　保存に成功したかを示す真偽値です。

説明

　この関数は、画像を指定したファイルに保存します。8 ビット、もしくは 16 ビットで 1 チャンネル、もしくは 3 チャンネルの画像として保存できます。詳細は、OpenCV のドキュメントを参照してください。

グラフィックス

比較的単純な OpenCV のプログラムを Python で作成します。まず、円や線を描くプログラムを紹介します。さらに、画像の上に円などを描くプログラムも紹介します。

3.1
円を描く

円を描くプログラムを紹介します。以降に、ソースリストを示します。

リスト3.1●ソースリスト（circle.py）

```python
import numpy as np
import cv2

img = np.zeros((400, 400, 3), np.uint8)
cv2.circle(img, (200, 200), 50, (255, 0, 0), 1)
cv2.imwrite('c:/temp/circle1.jpg', img)
cv2.imshow('img1', img)

img = np.zeros((400, 400, 3), np.uint8)
cv2.circle(img, (200, 200), 100, (0, 255, 0), 3)
cv2.imwrite('c:/temp/circle2.jpg', img)
cv2.imshow('img2', img)

img = np.zeros((400, 400, 3), np.uint8)
cv2.circle(img, (200, 200), 150, (0, 0, 255), -1)
cv2.imwrite('c:/temp/circle3.jpg', img)
cv2.imshow('img3', img)

cv2.waitKey(0)
cv2.destroyAllWindows()
```

本プログラムは、400 × 400 ピクセルの黒色の画像を生成し、その画像に 3 種類の円を描きます。また、実行結果を書き込むフォルダをハードコードしています。前もって、C ドライブ直下に temp フォルダを作成してください。作成していない場合、実行結果は保存されません。

まず、400 × 400 ピクセルの黒色の画像を、np.zeros（numpy.zero）関数で生成します。cv2.circle 関数で中心座標 = (200, 200)、半径 50 ピクセル、青色の円を描きます。cv2.imwrite 関数で、この画像を circle1.jpg というファイル名で保存します。

次に、新しく黒色の画像を np.zeros 関数で生成し、cv2.circle 関数で、半径 100 ピクセル、

緑色、線の太さ 3 ピクセルの円を描きます。この画像を circle2.jpg というファイル名で保存します。最後の cv2.circle 関数は、半径 150 ピクセルの赤色で塗り潰した円を描き、circle3.jpg というファイル名で保存します。

また、cv2.imshow 関数で生成した画像を表示しています。cv2.waitKey 関数によってキーボードの何かのキーが押されると以降のコードが実行され、cv2.destroyAllWindows 関数で、生成した画像を表示しているウィンドウをすべて閉じます。

プログラムを実行し、円の描かれた画像が保存、表示されるか試してみましょう。以降に、実行結果を示します。指定した大きさの画像に、指定した色と太さで円が描かれています。

 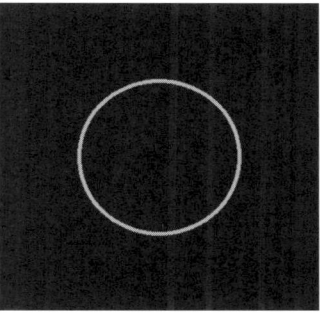 

図3.1●実行結果

3.2
画像の上に線を描く

前節のプログラムを拡張して、画像の上に線を描くプログラムを紹介します。以降に、ソースリストを示します。前節と異なり例外を捕捉して、メッセージを表示します。

リスト3.2●ソースリスト（lines_on_image.py）

```python
import cv2

try:
    img = cv2.imread('c:/temp/Lenna.jpg')
    if img is None:
```

```
            print ('ファイルを読み込めません。')
            import sys
            sys.exit()

        cv2.line(img, (50, 50), (200, 50), (255, 0, 0))

        cv2.line(img, (50, 100), (200, 100), (0, 255, 0), 5)

        cv2.imwrite('c:/temp/LinesOnImage.jpg', img)

        cv2.imshow('img', img)
        cv2.waitKey(0)
        cv2.destroyAllWindows()
except:
    import sys
    print("Error:", sys.exc_info()[0])
    print(sys.exc_info()[1])
    import traceback
    print(traceback.format_tb(sys.exc_info()[2]))
```

　本プログラムは、画像を読み込み、その画像に cv2.line 関数で座標 = (50, 50) から (200, 50) まで、青色の線と、座標 = (50, 100) から (200, 100) まで、緑色、太さ 5 ピクセルの線を描きます。読み込む画像ファイル名はハードコードしています。このため、あらかじめ c:/temp/Lenna.jpg を用意しておかなければなりません。通常、Windows ではフォルダの区切りに「¥」を指定しますが、ソースコード上は「/」でも構いません。

　c:/temp/Lenna.jpg が存在しない場合、例外となります。以降に、画像ファイルが存在しなかった場合の実行例を示します。

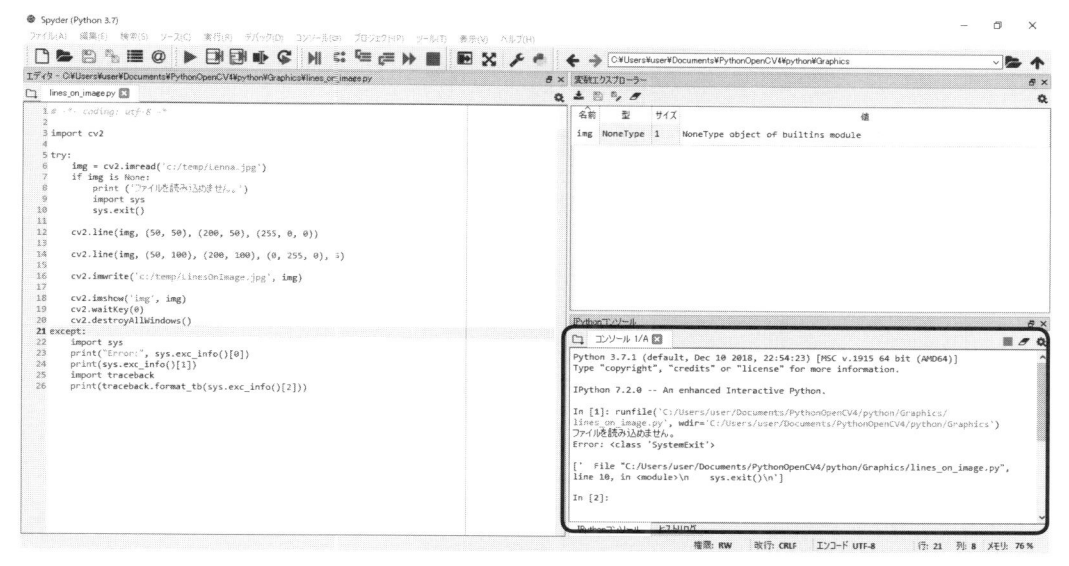

図3.2●ファイルが存在しない場合

エラー

　エラーには構文エラー（syntax error）と例外（exception）という2つの種類があります。

　構文エラーは構文解析エラー（parsing error）としても知られています。以下に構文エラーの例を示します。

```
>>> while True print('Hello world')
  File "<stdin>", line 1
    while True print('Hello world')
              ^
SyntaxError: invalid syntax
```

　構文エラーが起こると、エラーの起きている行を表示し、小さな矢印を表示して、行中でエラーが検出された最初の位置を示します。上記の例では、コロン（':'）がTrueの後（printの前）に無いので、エラーは関数print()で検出されています。入力がスクリプトから来ている場合は、どこを見れば良いか分かるようにファイル名と行番号が出力されます。

　例外は、文や式が構文的に正しい場合でも、プログラムを実行した際に発生することがあるエラーのことです。例外は常に致命的とは限りません。以下に例外の例を示します。

```
>>> 4 + spam*3
Traceback (most recent call last):
  File "<stdin>", line 1, in <module>
NameError: name 'spam' is not defined
```

```
>>> '2' + 2
Traceback (most recent call last):
  File "<stdin>", line 1, in <module>
TypeError: Can't convert 'int' object to str implicitly
```

　エラーメッセージの先頭部分では、例外が発生した実行コンテキストを、スタックのトレースバックの形式で表示しています。次に、構文エラーと同様に、エラーの起きている行を表示しています。最後の行に、何が起こったのかを示す例外型を表示しています。1つ目の例のNameErrorは、変数 spam が定義されていないためにエラーとなっていることを表しています。2つ目の例のTypeErrorは、適切でない型の演算が行われたためにエラーとなっていることを表しています。つまり、今回の例では、str と int の演算ができなかったため、エラーとなっています。

　また、raise 文を使用すると、意図的に特定の例外を発生させることができます。以下に例を示します。

```
>>> raise NameError("Exception")
Traceback (most recent call last):
  File "<stdin>", line 1, in <module>
NameError: Exception
```

　実際のプログラムで使用する具体例を以下に示します。try 節に raise 文を記述し、except 節で処理を行います。

リスト3.3●ソースリスト（lines_on_image_raise_sample.py）

```
import cv2

try:
```

```
    img = cv2.imread('c:/temp/Lenna.jpg')
    if img is None:
#       print ('ファイルを読み込めません。')
#       import sys
#       sys.exit()
        raise ValueError('ファイルを読み込めません。')

    cv2.line(img, (50, 50), (200, 50), (255, 0, 0))

    cv2.line(img, (50, 100), (200, 100), (0, 255, 0), 5)

    cv2.imwrite('c:/temp/LinesOnImage.jpg', img)

    cv2.imshow('img', img)
    cv2.waitKey(0)
    cv2.destroyAllWindows()
except ValueError as e:
    print(e)
except:
    import sys
    print("Error:", sys.exc_info()[0])
    print(sys.exc_info()[1])
    import traceback
    print(traceback.format_tb(sys.exc_info()[2]))
```

　raise 文が実行された場合、except ValueError as e: print(e) が実行され、コンソールに「ファイルを読み込めません。」が出力されます。

unicode 文字列

　Python では文字列に byte 文字列と unicode 文字列があります。Python3 の場合ではクオーテーションで囲った文字列はすべて unicode 文字列となるため問題ありませんが、Python2 の場合ではクオーテーションの前に u を付けなければ byte 文字列となります。注意すべき点は、unicode 文字列と日本語（非 ASCII 文字全般）の byte 文字列は連結できないという点です。以下に連結できずにエラーとなる例を示します。

Python3 環境

```
hoge = ' ' + b'あ'
```

Python2 環境

```
hoge = u' ' + 'あ'
```

　また、Python2 と Python3 で文字列を示す際の記述方法が以下の表のように異なっているので注意してください。

表3.1●**Pythonのバージョンによる文字列記述方法の違い**

	Python3	Python2
byte 文字列	b''	''
unicode 文字列	''	u''

※ Python3 で「u''」と記述した場合でも unicode 文字列として扱われます。

　c:/temp/Lenna.jpg を用意してプログラムを実行しましょう。線が描かれた画像が生成されます。以降に、入力画像と線を描いた画像を示します。

図3.3●**実行結果**

コマンドライン引数の指定

　上記のプログラムでは、cv2.imread 関数の引数にソースコード内でファイル名を直接指定していますが、コマンドライン引数を使用すると、プログラムを実行する際に cv2.imread 関数の引数を自由に指定することができます。

　以下に、コマンドライン引数を使用する場合の lines_on_image.py を示します。

リスト3.4●ソースリスト（lines_on_image_command.py）

```python
import cv2
import sys

try:
    if(len(sys.argv) != 2):
        print ('引数に読み込む画像を指定する必要があります')
        sys.exit()

    img = cv2.imread(sys.argv[1])

    if img is None:
        print ('ファイルを読み込めません。')
        import sys
        sys.exit()

    cv2.line(img, (50, 50), (200, 50), (255, 0, 0))

    cv2.line(img, (50, 100), (200, 100), (0, 255, 0), 5)

    cv2.imwrite('c:/temp/LinesOnImage.jpg', img)

    cv2.imshow('img', img)
    cv2.waitKey(0)
    cv2.destroyAllWindows()
except:
    print("Error:", sys.exc_info()[0])
    print(sys.exc_info()[1])
    import traceback
    print(traceback.format_tb(sys.exc_info()[2]))
```

sys.argv でコマンドライン引数を取得しています。

　以降に、Spyder および Anaconda Prompt でのコマンドライン引数の使用方法を説明します。

　Spyder でコマンドライン引数を使用する場合は、メニューの［実行］→［ファイルごとの設定］を選択します。

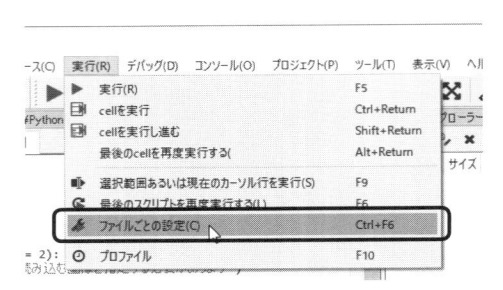

図3.4●「ファイルごとの設定」を選択

　「ファイルごとの実行設定」ダイアログが表示されます。実行するファイルを確認し、「コマンドラインオプション」を選択しチェックを入れ、テキストボックスに引数（c:/temp/Lenna.jpg）を記入します。「実行」を選択し、プログラムを実行します。

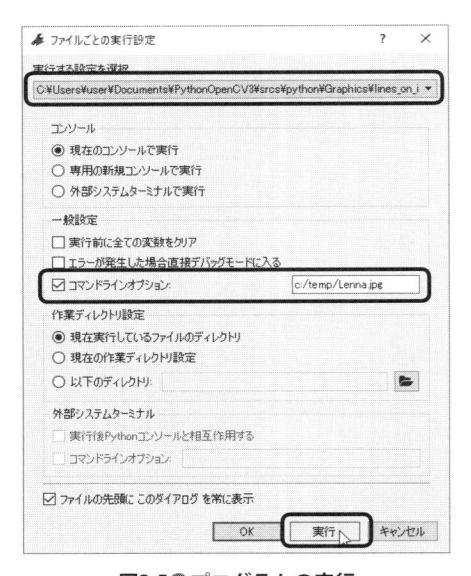

図3.5●プログラムの実行

　Anaconda Prompt でコマンドライン引数を使用する場合は、

```
python lines_on_image_command.py c:/temp/Lenna.jpg
```

と入力して実行します。

また、Anaconda Prompt でコマンドライン引数を使用しない場合は、

```
python lines_on_image.py
```

と入力して実行します。

3.3
画像の上に円を描く

画像の上に円を描くプログラムを紹介します。以降に、ソースリストの一部を示します。

リスト3.5●ソースリストの一部（circles_on_img.py）

```python
    ⋮
img = cv2.imread('c:/temp/Lenna.jpg')

if img is None:
    print ('ファイルを読み込めません。')
    import sys
    sys.exit()

cv2.circle(img, (50, 50), 40, (0, 255, 0), 2)
cv2.circle(img, (150, 150), 80, (255, 255, 0), 6)
cv2.circle(img, (200, 200), 50, (0, 255, 255), -1)

cv2.imwrite('c:/temp/CirclesOnImage.jpg', img)

cv2.imshow('img', img)
cv2.waitKey(0)
```

```
cv2.destroyAllWindows()
    ⋮
```

　本プログラムは、前節のプログラムが画像に線を描いたのに対し、cv2.circle 関数を使用し、画像へ円を描きます。他の部分は前節のプログラムとほとんど同じです。

　画像の上にいくつかの円が描かれた画像が生成されます。以降に、実行結果を示します。

図3.6●実行結果

3.4
画像の上に文字を描く

　画像の上に文字を描くプログラムを紹介します。以降に、ソースリストの一部を示します。

リスト3.6●ソースリストの一部（draw_text.py）

```
    ⋮
img = cv2.imread('c:/temp/Lenna.jpg')

if img is None:
    print ('ファイルを読み込めません。')
    import sys
    sys.exit()
```

```
cv2.putText(img, 'Hello OpenCV', (50, 50), cv2.FONT_HERSHEY_SIMPLEX, 0.8,
                                           (50, 60, 80), 2)

cv2.imwrite('c:/temp/puttext.jpg', img)

cv2.imshow('img', img)
cv2.waitKey(0)
cv2.destroyAllWindows()
    ⋮
```

　本プログラムは、cv2.putText 関数で文字を描きます。他の部分はこれまでのプログラムとほとんど同じです。

　以降に、実行結果を示します。

図3.7●実行結果

3.5
関数の説明

■ circle（cv2） ··

円を描きます。

形式

cv2.circle(img, center, radius, color[, thickness[, lineType[, shift]]]) → None

引数

numpy.ndarray **img**	円を描く対象配列（画像）です。
tuple **center**	円の中心座標です。
int **radius**	円の半径です。
tuple もしくは list **color**	円の色です。
thickness = 1	正の値の場合、円を描く線の太さです。マイナスの値を指定した場合、円は塗り潰されます。
int **lineType** = cv2.LINE_8	円を描く線の種類です。

値	線の種類
cv2.LINE_8	8 連結
cv2.LINE_4	4 連結
cv2.LINE_AA	アンチエイリアス

int **shift** = 0	座標の小数点以下の桁を表すビット数です。

説明

与えられた円の中心座標、半径を使用して単純な円を描きます。

■ imshow（cv2） ··

画像を表示します。

形式

cv2.imshow(winname, mat) → None

引数

string **winname**　　　画像を表示するウィンドウの識別名です。

numpy.ndarray **mat**　表示させる画像です。

説明

引数で指定された画像を表示します。

■ waitKey（cv2） ···

キーボードの何かのキーが押されるまで待機します。

形式

cv2.waitKey([delay]) → retval

引数

int **delay** = 0　　　待機秒数（ミリ秒単位）です。0以下が指定された場合、キーが押され
　　　　　　　　　　るまで待ち続けます。

戻り値

int **retval**　　　　押下されたキーの ASCII コードです。

説明

引数で指定されたミリ秒の間、キーが押されるまで待機します。

■ destroyAllWindows（cv2） ··

すべてのウィンドウを破棄します。

形式

cv2.destroyAllWindows() → None

説明

すべてのウィンドウを破棄します。

■ line（cv2）

線を描きます。

形式

cv2.line(img, pt1, pt2, color[, thickness[, lineType[, shift]]]) → None

引数

numpy.ndarray **img**	線を描く対象配列（画像）です。
tuple **pt1**	線分の 1 番目の端点です。
tuple **pt2**	線分の 2 番目の端点です。
tuple もしくは list **color**	線の色です。
int **thickness** = 1	線の太さです。
int **lineType** = cv2.LINE_8	線の種類です。

値	線の種類
cv2.LINE_8	8 連結
cv2.LINE_4	4 連結
cv2.LINE_AA	アンチエイリアス

int **shift** = 0	座標の小数点以下の桁を表すビット数です。

説明

与えられた引数に従って線を描きます。

■ putText（cv2）

文字列を描きます。

形式

cv2.putText(img, text, org, fontFace, fontScale, color[,
　　thickness[, lineType[, bottomLeftOrigin]]]) → None

引数

numpy.ndarray **img**	文字列を描く対象配列（画像）です。
string **text**	描く文字列です。
tuple **org**	文字列の左下隅の座標です。

int **fontFace**　　　　　フォントの種類です。

フォント	説明
cv2.FONT_HERSHELY_SIMPLEX	サンセリフフォント（普通サイズ）
cv2.FONT_HERSHEY_PLAIN	サンセリフフォント（小さいサイズ）
cv2.FONT_HERSHEY_DUPLEX	サンセリフフォント（普通サイズ、SIMPLEX より複雑）
cv2.FONT_HERSHEY_COMPLEX	セリフフォント（普通サイズ）
cv2.FONT_HERSHEY_TRIPLEX	セリフフォント（普通サイズ、COMPLEX より複雑）
cv2.FONT_HERSHEY_COMPLEX_SMALL	COMPLEX の小さいバージョン
cv2.FONT_HERSHEY_SCRIPT_SIMPLEX	手書き風フォント
cv2.FONT_HERSHEY_SCRIPT_COMPLEX	手書き風フォント（SIMPLEX より複雑）
cv2.FONT_ITALIC	イタリック体。他のフォントと組み合わせて利用する。

float **fontScale**　　　　フォントのスケールファクタです。この値がフォント特有の基本サイズに乗じられます。

tuple もしくは list **color**

　　　　　　　　　　文字列の色です。

int **thickness** = 1　　　フォントの描画に利用される線の太さです。

int **lineType** = cv2.LINE_8

　　　　　　　　　　線の種類です。

値	線の種類
cv2.LINE_8	8 連結（デフォルト値）
cv2.LINE_4	4 連結
cv2.LINE_AA	アンチエイリアス

bool **bottomLeftOrigin** = False

　　　　　　　　　　True の場合、画像データの原点が左下、False の場合は左上です。

説明

　画像中に指定された文字列を描きます。指定されたフォントで描けないシンボルは、はてなマークで置き換えます。

アフィン変換

単純な座標変換を行うプログラムを紹介します。

4.1
フリップ

画像をフリップするプログラムを紹介します。処理の概要は以下の通りです。

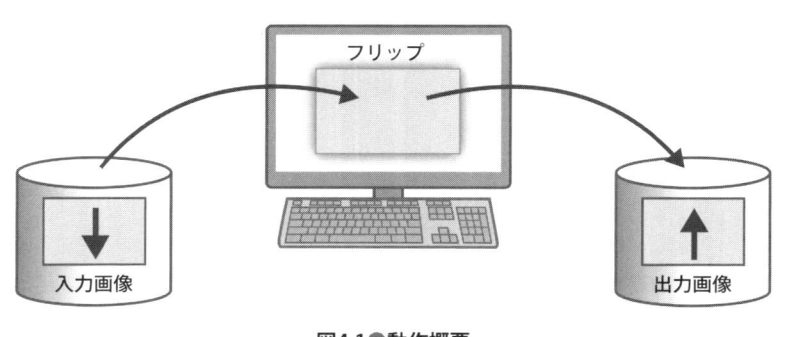

図4.1●動作概要

以降に、ソースリストを示します。

リスト4.1●ソースリスト （flip.py）

```python
import cv2

try:
    img = cv2.imread('c:/temp/Lenna.jpg')

    if img is None:
        print ('ファイルを読み込めません。')
        import sys
        sys.exit()

    dst = cv2.flip(img, 0)
    cv2.imwrite('c:/temp/flip0.jpg', dst)
    cv2.imshow('dst1', dst)

    dst = cv2.flip(img, 1)
    cv2.imwrite('c:/temp/flip1.jpg', dst)
    cv2.imshow('dst2', dst)

    dst = cv2.flip(img, -1)
```

```
    cv2.imwrite('c:/temp/flip-1.jpg', dst)
    cv2.imshow('dst3', dst)

    cv2.waitKey(0)
    cv2.destroyAllWindows()
except:
    import sys
    print("Error:", sys.exc_info()[0])
    print(sys.exc_info()[1])
    import traceback
    print(traceback.format_tb(sys.exc_info()[2]))
```

4

　本プログラムは、画像を読み込み、フリップを行います。まず、cv2.imread 関数で画像を読み込みます。次に、cv2.flip 関数で画像をフリップします。フリップ方向は、cv2.flip 関数の第 2 引数で決定します。それぞれ、0、1、−1 を指定します。これらの画像を、cv2.imwrite 関数で保存します。

　以降に、入力画像と実行結果を示します。

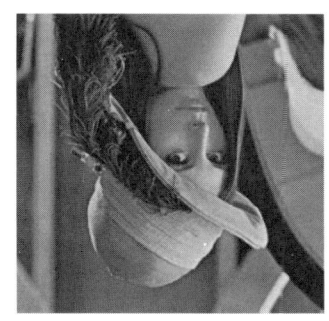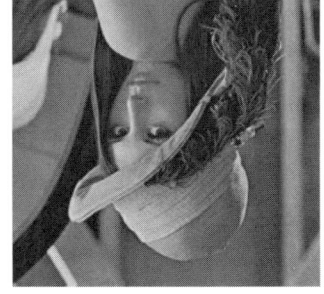

図4.2●実行結果

4.2

リサイズ

画像の拡大、縮小を行うプログラムを紹介します。以降に、ソースリストを示します。

```python
import cv2

try:
    img = cv2.imread('c:/temp/Lenna.jpg')

    if img is None:
        print ('ファイルを読み込めません。')
        import sys
        sys.exit()

    SCALE1 = 0.5
    SCALE2 = 1.62
    height = img.shape[0]
    width = img.shape[1]

    dst = cv2.resize(img, (int(width*SCALE1), int(height*SCALE1)))
    cv2.imwrite('c:/temp/resize0.5.jpg', dst)
    cv2.imshow('dst1', dst)

    dst = cv2.resize(img, (int(width*SCALE2), int(height*SCALE2)))
    cv2.imwrite('c:/temp/resize1.62.jpg', dst)
    cv2.imshow('dst2', dst)

    dst = cv2.resize(img, (400, 200))
    cv2.imwrite('c:/temp/resize400x200.jpg', dst)
    cv2.imshow('dst3', dst)

    cv2.waitKey(0)
    cv2.destroyAllWindows()
except:
    import sys
    print("Error:", sys.exc_info()[0])
    print(sys.exc_info()[1])
```

```
import traceback
print(traceback.format_tb(sys.exc_info()[2]))
```

　本プログラムは、画像の拡大、縮小を行います。cv2.resize 関数で、第 2 引数に画像の大きさを示す tuple を与えることによって、画像の拡大、縮小を行います。最初の例では、元の画像サイズに 0.5 を乗じます。つまり、元の画像の半分の大きさに縮小します。次の例では、元の画像サイズに 1.62 を乗じ、拡大します。この二つの例は縦横に同じスケール値を乗じることによって、アスペクト比を保ちます。最後の例は、縦横にリテラルを指定します。このためアスペクト比は保たれず、縦が圧縮されます。

　以降に、入力画像と実行結果を示します。

図4.3●実行結果

4.3
回転

画像を回転するプログラムを紹介します。

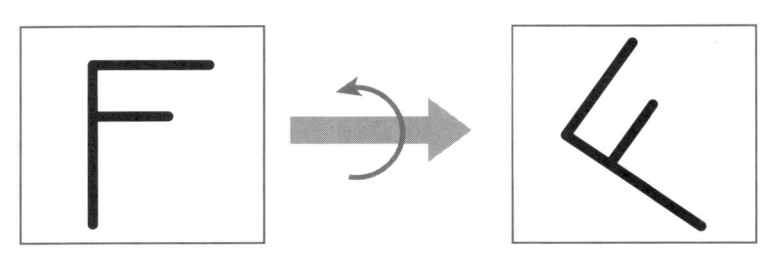

図4.4●動作概要

以降に、ソースリストを示します。

リスト4.3●ソースリスト（rotate.py）

```python
import cv2

try:
    img = cv2.imread('c:/temp/Lenna.jpg')

    if img is None:
        print ('ファイルを読み込めません。')
        import sys
        sys.exit()

    height = img.shape[0]
    width = img.shape[1]
    center = (int(width/2), int(height/2))

    affin_trans = cv2.getRotationMatrix2D(center, 33.0, 1.0)
    dst = cv2.warpAffine(img, affin_trans, (width, height))
    cv2.imwrite('c:/temp/rotate_033.jpg', dst)
    cv2.imshow('dst1', dst)

    affin_trans = cv2.getRotationMatrix2D(center, 110.0, 1.2)
    dst = cv2.warpAffine(img, affin_trans, (width, height), flags=cv2.INTER_CUBIC)
```

```
    cv2.imwrite('c:/temp/rotate_110.jpg', dst)
    cv2.imshow('dst2', dst)

    cv2.waitKey(0)
    cv2.destroyAllWindows()
except:
    import sys
    print("Error:", sys.exc_info()[0])
    print(sys.exc_info()[1])
    import traceback
    print(traceback.format_tb(sys.exc_info()[2]))
```

本プログラムは、画像の回転を行います。回転したときの補間手法が異なる例、ならびに回転すると同時に拡大する列を示します。回転そのものは、cv2.warpAffine 関数の第 2 引数に 2 × 3 の行列を渡すことによって回転処理を行います。まず、center を生成し、回転原点に画像の中心を指定します。次に、cv2.getRotationMatrix2D 関数に、回転の原点、回転角度、そしてスケーリング値を指定し、画像回転に使用する 2 × 3 の 2 次元回転のアフィン変換行列を計算します。affine_trans は、スケーリング値が 1.0、回転角度が θ、そして原点が (X_a, Y_a) の場合、以下のような値が設定されます。θ は反時計方向への回転角度です。

$$\text{affine\_trans} = \begin{vmatrix} \cos\theta & -\sin\theta & X_a \\ \sin\theta & \cos\theta & Y_a \end{vmatrix}$$

cv2.warpAffine 関数で回転を行います。上記の行列式から、任意の点 (X_a, Y_a) を中心に、(x, y) を θ だけ反時計方向に回転したときの新しい座標 (X, Y) は、次の式で表すことができます。これは順方向です。

$$X = \quad (x - X_a)\cos\theta + (y - Y_a)\sin\theta + X_a$$
$$Y = -(x - X_a)\sin\theta + (y - Y_a)\cos\theta + Ya$$

逆変換は次の式で表すことができます。画像を回転させるということは、出力画像の各ピクセル値を入力画像中のピクセルから以下の式に従ってサンプリングすることと等価です。

$$x = (X - X_a)\cos\theta - (Y - Y_a)\sin\theta + Xa$$
$$y = (X - X_a)\sin\theta + (Y - Y_a)\cos\theta + Ya$$

　実際には、cv2.warpAffine 関数にはスケーリングや補間手法も指定できるため、もっと複雑な処理を行っています。しかし、使用者は単に cv2.getRotationMatrix2D 関数に回転の原点、回転角度、そしてスケーリング値を指定し、得られた行列を cv2.warpAffine 関数へ与えるだけで画像を回転できます。

　最初の回転は、原点を画像の中心、回転角度は 33°、スケーリングは 1.0、補間は行いません。次の例は、原点を画像の中心、回転角度は 110°、スケーリングは 1.2、補間は INTER_CUBIC を使用します。スケーリングを 1.2 としているため、入力画像をズームしているような出力となります。また、補間を行っているため、2 つ目の例の方が出力の品質が高くなります。

　以降に、入力画像と実行結果を示します。品質の違いは実際の画面で観察しないと分かりにくいでしょう。

図4.5●実行結果

4.4
透視投影

　透視投影を行うプログラムを紹介します。OpenCV を使用すると、容易に透視投影を行えます。以降に、ソースリストを示します。

リスト4.4●ソースリスト（perspective.py）

```python
import cv2
import numpy as np

try:
    img = cv2.imread('c:/temp/Lenna.jpg')

    if img is None:
        print ('ファイルを読み込めません。')
        import sys
        sys.exit()

    rows, cols = img.shape[:2]
    x0 = cols/4
    x1 = (cols*3)/4
    y0 = rows/4
    y1 = (rows*3)/4

    list_src = np.float32([[x0, y0],[x0, y1],[x1, y1],[x1, y0]])

    #pattern-0
    x_margin = cols/10
    y_margin = rows/10
    list_dsts = np.float32([[x0+x_margin, y0+y_margin],list_srcs[1],list_srcs[2],
                                                [x1-x_margin, y0+y_margin]])

    perspective_matrix = cv2.getPerspectiveTransform(list_srcs,list_dsts)
    dst = cv2.warpPerspective(img, perspective_matrix, (cols, rows))

    cv2.imwrite("c:/temp/dst0.jpg", dst)
    cv2.imshow('dst0', dst)
```

```
    #pattern-1
    x_margin = cols/8
    y_margin = rows/8
    list_dsts = np.float32([list_srcs[0],list_srcs[1],[x1-x_margin, y1-y_margin],
                                                    [x1-x_margin, y0+y_margin]])

    perspective_matrix = cv2.getPerspectiveTransform(list_srcs,list_dsts)
    dst = cv2.warpPerspective(img, perspective_matrix, (cols, rows))

    cv2.imwrite("c:/temp/dst1.jpg", dst)
    cv2.imshow('dst1', dst)

    #pattern-2
    x_margin = cols/6
    y_margin = rows/6
    list_dsts = np.float32([[x0+x_margin, y0+y_margin],list_srcs[1],
                                        [x1-x_margin, y1-y_margin],list_srcs[3]])

    perspective_matrix = cv2.getPerspectiveTransform(list_srcs,list_dsts)
    dst = cv2.warpPerspective(img, perspective_matrix, (cols, rows))

    cv2.imwrite("c:/temp/dst2.jpg", dst)
    cv2.imshow('dst2', dst)

    cv2.waitKey(0)
    cv2.destroyAllWindows()
except:
    import sys
    print("Error:", sys.exc_info()[0])
    print(sys.exc_info()[1])
    import traceback
    print(traceback.format_tb(sys.exc_info()[2]))
```

　本プログラムは、3 パターンの透視投影を行います。以降に、各パターンの概要を示します。まず、list_srcs に入力の座標を設定します。以降の図に示す s[] が入力の座標です。入力の座標は、すべてのパターンで共通に使用します。また、list_dsts に出力の座標を設定します。図に示す d[] が出力の座標です。

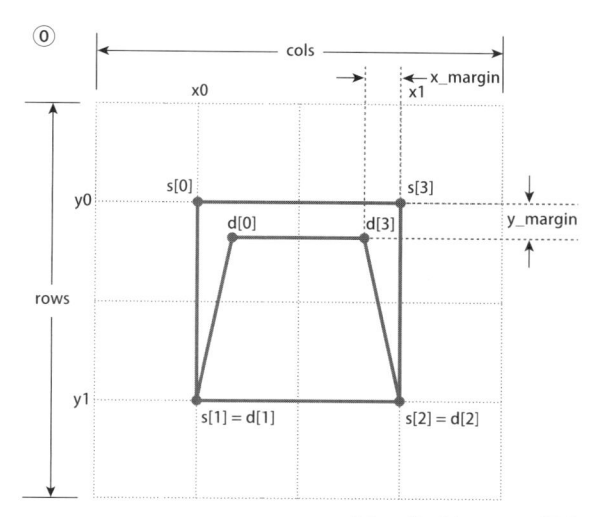

s: 入力座標、d: 出力座標

図4.6●パターン0の場合

　これらの座標を cv2.getPerspectiveTransform 関数へ与えて透視変換行列を求めます。次に、cv2.warpPerspective 関数で画像の透視投影を行います。

　以降の二つのパターンは、list_dsts の座標を入れ替え、一つ目のパターンと同様に cv2.getPerspectiveTransform 関数と cv2.warpPerspective 関数で画像の透視投影を行います。以降に、それぞれのパターンの座標を図で示します。

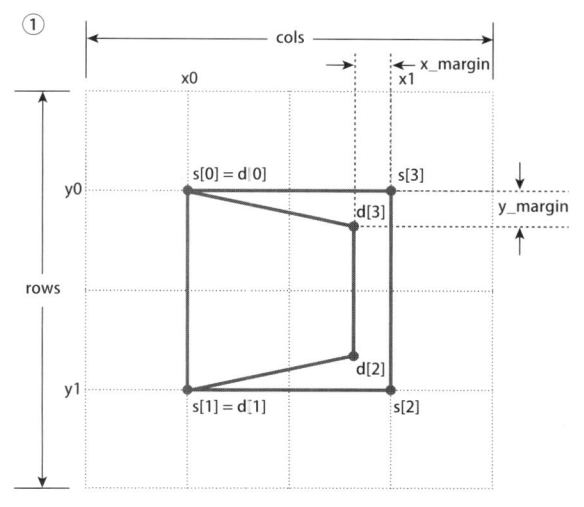

s: 入力座標、d: 出力座標

図4.7●パターン1の場合

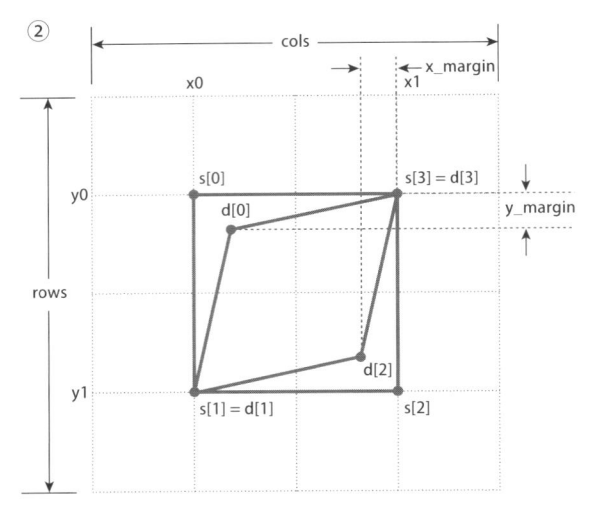

s: 入力座標、d: 出力座標

図4.8●パターン2の場合

　以降に、入力画像と実行結果を示します。入力画像に続き、パターン0、1、2の順に処理後の画像を示します。

図4.9●入力画像と処理後の画像

4.5

トリミング

画像をトリミングするプログラムを紹介します。以降に、ソースリストを示します。

リスト4.5●ソースリスト（trimming.py）

```python
import cv2

try:
    img = cv2.imread('c:/temp/Lenna.jpg')

    if img is None:
        print ('ファイルを読み込めません。')
        import sys
        sys.exit()

    height = img.shape[0]
    width = img.shape[1]

    dst = img[40:height, 40:width]
    cv2.imwrite('c:/temp/Trimming.jpg', dst)

    cv2.imshow('dst', dst)
    cv2.waitKey(0)
    cv2.destroyAllWindows()
except:
    import sys
    print("Error:", sys.exc_info()[0])
    print(sys.exc_info()[1])
    import traceback
    print(traceback.format_tb(sys.exc_info()[2]))
```

　本プログラムは、画像のトリミングを行います。img[y: height, x:width] の、x、y の位置から width、height で幅と高さを指定し、四角形で画像をトリミングします。トリミングですので、元画像に比べ処理後の画像は小さくなります。このプログラムは、元画像の上部と左側 40 ピクセルを除去します。以降に、入力画像と実行結果を示します。

図4.10●実行結果

4.6

関数の説明

■ flip（cv2）···

2次元配列を垂直、水平、または両軸で反転します。

形式

cv2.flip(src, flipCode[, dst]) → dst

引数

numpy.ndarray **src**　　入力配列（画像）です。

int **flipCode**　　　　フリップの方向です。

flipCode	反転方向
0	x軸周りでの反転（上下反転）
> 0	y軸周りでの反転（左右反転）
< 0	両軸周りでの反転

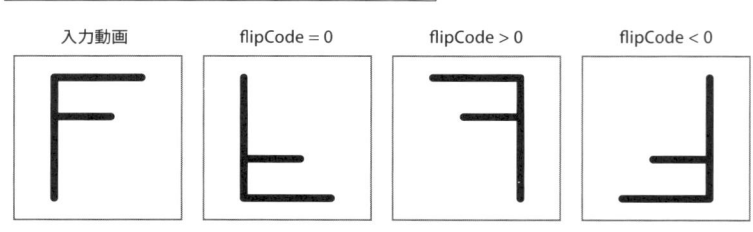

図4.11●指定した引数と回転の様子

numpy.ndarray **dst** = None

　　　　　　　　出力配列（画像）です。src と同じサイズで同じ型です。

戻り値

numpy.ndarray **dst**　　　出力配列（画像）です。src と同じサイズで同じ型です。

説明

　　上下反転（flipCode = 0）を使用すると、y 軸の座標を反転できるため、グラフなどを表示するときに便利な場合があります。左右反転（flipCode > 0）を使用すると、垂直軸に対する線対称性を調べることができます。反転後に差の絶対値を計算するとよいでしょう。左右の同時反転（flipCode < 0）を使用すると、中心点に対する点対称性を調べることができます。反転後に差の絶対値を計算するとよいでしょう。

■ resize（cv2）

画像を縮小・拡大します。

形式

cv2.resize(src, dsize[, dst[, fx[, fy[, interpolation]]]]) → dst

引数

numpy.ndarray **src**　　　入力配列（画像）です。

tuple **dsize**　　　　　　出力配列（画像）のサイズです。もし、0 の場合、以下の計算式で算出します。

$$dsize = (math.round(fx*src.shape[1]), math.round(fy*src.shape[0]))$$

numpy.ndarray **dst** = None

　　　　　　　　出力配列（画像）です。サイズは dsize 引数（0 でない場合）で設定されます。また、dsize が 0 の場合、サイズは src.shape、fx、fy から算出されます。型は src と同じです。

float **fx** = 0　　　　　　水平軸方向のスケールファクタです。これが 0 の場合、次のように計算されます。

$$fx = dsize[0] / src.shape[1]$$

float **fy** = 0　　　　　　垂直軸方向のスケールファクタです。これが 0 の場合、次のように計算されます。

$$fy = dsize[1] / src.shape[0]$$

int **interpolation** = cv2.INTER_LINEAR

補間手法です。指定する補間手法は OpenCV のドキュメントを参照してください。

戻り値

numpy.ndarray **dst**　　出力配列（画像）です。サイズは dsize 引数（0 でない場合）で設定されます。また、dsize が 0 の場合、サイズは src.shape、fx、fy から算出されます。型は src と同じです。

説明

画像を縮小・拡大します。

■ getRotationMatrix2D（cv2）

2 次元回転のアフィン変換行列を計算します。

形式

cv2.getRotationMatrix2D(center, angle, scale) → retval

引数

tuple **center**　　　入力配列（画像）における回転中心座標です。

float **angle**　　　度単位で表される回転角度です。回転は反時計回り方向です。

float **scale**　　　スケーリング係数です。

戻り値

numpy.ndarray **retval**　　画像を回転するための 2 × 3 の配列です。

説明

画像を回転するための、2 次元回転のアフィン変換行列を計算します。自分でそれぞれの値を計算しても構いませんが、この関数を用いると自動で計算します。

■ warpAffine（cv2）···

画像のアフィン変換を行います。

形式

cv2.warpAffine(src, M, dsize[, dst[, flags[, borderMode[, borderValue]]]]) → dst

引数

numpy.ndarray **src**　　　入力配列（画像）です。

numpy.ndarray **M**　　　２×３の変換行列です。

tuple **dsize**　　　　　出力配列（画像）のサイズです。

numpy.ndarray **dst** = None

　　　　　　　　　　出力配列（画像）です。サイズは dsize で型は src と同じです。

int **flags** = cv2.INTER_LINEAR

　　　　　　　　　　補間手法を指定するフラグです。WARP_INVERSE_MAP を追加で
　　　　　　　　　　指定すると、M は逆変換（dst → src）となります。

int **borderMode** = cv2.BORDER_CONSTANT

　　　　　　　　　　画像の外側のピクセルを推定する方法です。

tuple **borderValue** = Scalar()

　　　　　　　　　　borderMode に cv2.BORDER_CONSTANT が指定されたときの、画
　　　　　　　　　　像範囲外のピクセル値です。

戻り値

numpy.ndarray **dst**　　　出力配列（画像）です。サイズは dsize で型は src と同じです。

説明

２×３の変換行列を使用し、画像のアフィン変換を行います。

■ getPerspectiveTransform（cv2） ·······································

透視変換行列を求めます。

形式

cv2.getPerspectiveTransform(src, dst[, solveMethod]) → retval

引数

numpy.ndarray **src**　　　　　　　　入力画像上の四角形の頂点の座標です。

numpy.ndarray **dst**　　　　　　　　出力画像上の対応する四角形の頂点の座標です。

int **solveMethod** = cv2.DECOMP_LU　　透視変換行列を求める際に使用する手法です。

戻り値

numpy.ndarray **retval**　　　透視変換を表す 3 × 3 の行列です。

説明

四つの対応座標から、透視変換行列を求めます。

■ warpPerspective（cv2） ·······································

画像の透視投影を行います。

形式

cv2.warpPerspective(src, M, dsize[, dst[, flags[,
　　　　　borderMode[, borderValue]]]]) → dst

引数

numpy.ndarray **src**　　入力配列（画像）です。

numpy.ndarray **M**　　3 × 3 の透視変換行列です。

tuple **dsize**　　　　出力配列（画像）のサイズです。

numpy.ndarray **dst** = None

　　　　　　　　出力配列（画像）です。サイズは dsize で、型は src と同じです。

int **flags** = cv2.INTER_LINEAR

　　　　　　　　補間手法（INTER_LINEAR、もしくは INTER_NEAREST）を指定す
　　　　　　　　るフラグです。WARP_INVERSE_MAP を追加で指定すると、M は逆
　　　　　　　　変換（dst → src）となります。

int **borderMode** = cv2.BORDER_CONSTANT

　　　　　　　　　　　画像の外側のピクセルを推定する方法です。

tuple **borderValue** = Scalar()

　　　　　　　　　　　borderMode に cv2.BORDER_CONSTANT が指定されたときの、画像範囲外のピクセル値です。

戻り値

numpy.ndarray **dst**　　出力配列（画像）です。サイズは dsize で、型は src と同じです。

4

説明

　　画像の透視投影を行います。

色の処理など

色変換、輝度平滑化、スレッショルド処理および色の分
離を行うプログラムを紹介します。

5.1
グレイスケール

カラー画像をグレイスケール画像へ変換するプログラムを紹介します。あらかじめ c:/temp/Lenna.jpg を用意しておくことや、出力ファイルが c:/temp に格納されることは、これまでと同様です。以降に、ソースリストを示します。

リスト5.1●ソースリスト（grayscale.py）

```python
import cv2

try:
    img = cv2.imread('c:/temp/Lenna.jpg', cv2.IMREAD_GRAYSCALE)

    if img is None:
        print ('ファイルを読み込めません。')
        import sys
        sys.exit()

    cv2.imwrite('c:/temp/grayscale.jpg', img)

    cv2.imshow('img', img)
    cv2.waitKey(0)
    cv2.destroyAllWindows()
except:
    import sys
    print("Error:", sys.exc_info()[0])
    print(sys.exc_info()[1])
    import traceback
    print(traceback.format_tb(sys.exc_info()[2]))
```

本プログラムは、カラー画像をグレイスケール画像へ変換します。cv2.imread 関数の引数に cv2.IMREAD_GRAYSCALE を与えて、どのような画像であってもグレイスケールで読み込みます。

もう一つの方法も示します。以降に、ソースリストを示します。

リスト5.2●ソースリスト（grayscale2.py）

```python
import cv2

try:
    img = cv2.imread('c:/temp/Lenna.jpg')

    if img is None:
        print ('ファイルを読み込めません。')
        import sys
        sys.exit()

    dst = cv2.cvtColor(img, cv2.COLOR_RGB2GRAY)
    cv2.imwrite('c:/temp/grayscale.jpg', dst)

    cv2.imshow('dst', dst)
    cv2.waitKey(0)
    cv2.destroyAllWindows()
except:
    import sys
    print("Error:", sys.exc_info()[0])
    print(sys.exc_info()[1])
    import traceback
    print(traceback.format_tb(sys.exc_info()[2]))
```

　本プログラムは、カラー画像はカラーのまま読み込みます。その画像を cv2.cvtColor 関数で、グレイスケール画像に変換します。cv2.cvtColor 関数でグレイスケールに変更するには、第 2 引数に cv2.COLOR_RGB2GRAY を指定します。

　入力画像と実行結果を示します。紙面上では分からないでしょうが、入力画像はカラー、実行後の画像はグレイスケールです。

図5.1●実行結果

5.2

輝度平滑化

　画像の輝度を平滑化するプログラムを紹介します。輝度が一部に偏っているとき、その部分を広げ、見やすくします。以降に、ソースリストを示します。

リスト5.3●ソースリスト（equalize.py）

```python
import cv2

try:
    img = cv2.imread('c:/temp/Lenna.jpg', cv2.IMREAD_GRAYSCALE)

    if img is None:
        print ('ファイルを読み込めません。')
        import sys
        sys.exit()

    dst = cv2.equalizeHist(img)
    cv2.imwrite('c:/temp/equalize.jpg', dst)

    cv2.imshow('dst', dst)
    cv2.waitKey(0)
    cv2.destroyAllWindows()
```

```
except:
    import sys
    print("Error:", sys.exc_info()[0])
    print(sys.exc_info()[1])
    import traceback
    print(traceback.format_tb(sys.exc_info()[2]))
```

　本プログラムは、画像の輝度を平滑化します。OpenCV の輝度平滑化関数は、グレイスケール画像を対象としているため、読み込み時に使用する cv2.imread 関数の引数に cv2.IMREAD_GRAYSCALE を指定し、入力画像は必ずグレイスケール画像として読み込みます。その画像を cv2.equalizeHist 関数で輝度の平滑化を行います。

　以降に、入力画像と実行結果を示します。

図5.2●実行結果

　輝度が偏っていると、その部分が広げられるためコントラストが増したように見えます。輝度が極端に偏っている場合、その部分が引き伸ばされるため、暗い部分がより暗くなったり、その逆の現象も発生します。様々な画像を入力に指定すると、cv2.equalizeHist 関数の動作が分かるでしょう。

5.3
閾値処理・その1（スレッショルド処理）

閾値処理（スレッショルド処理）を行うプログラムを紹介します。引数で、閾値処理の種類を切り替えます。以降に、ソースリストを示します。

リスト5.4●ソースリスト（threshold.py）

```python
import cv2

try:
    img = cv2.imread('c:/temp/Lenna.jpg', cv2.IMREAD_GRAYSCALE)

    if img is None:
        print ('ファイルを読み込めません。')
        import sys
        sys.exit()

    ret, dst = cv2.threshold(img, 100, 200, cv2.THRESH_BINARY)
    cv2.imwrite('c:/temp/threshold_THRESH_BINARY.jpg', dst)
    cv2.imshow('dst1', dst)

    ret, dst = cv2.threshold(img, 100, 200, cv2.THRESH_BINARY_INV)
    cv2.imwrite('c:/temp/threshold_THRESH_BINARY_INV.jpg', dst)
    cv2.imshow('dst2', dst)

    ret, dst = cv2.threshold(img, 100, 200, cv2.THRESH_TRUNC)
    cv2.imwrite('c:/temp/threshold_THRESH_TRUNC.jpg', dst)
    cv2.imshow('dst3', dst)

    ret, dst = cv2.threshold(img, 100, 200, cv2.THRESH_TOZERO)
    cv2.imwrite('c:/temp/threshold_THRESH_TOZERO.jpg', dst)
    cv2.imshow('dst4', dst)

    ret, dst = cv2.threshold(img, 100, 200, cv2.THRESH_TOZERO_INV)
    cv2.imwrite('c:/temp/threshold_THRESH_TOZERO_INV.jpg', dst)
    cv2.imshow('dst5', dst)

    cv2.waitKey(0)
```

```
        cv2.destroyAllWindows()
except:
    import sys
    print("Error:", sys.exc_info()[0])
    print(sys.exc_info()[1])
    import traceback
    print(traceback.format_tb(sys.exc_info()[2]))
```

　本プログラムは、画像に閾値処理（スレッショルド処理）を行います。cv2.threshold 関数の第 2 引数に閾値の 100、第 3 引数に閾値処理の種類が cv2.THRESH_BINARY と cv2. THRESH_BINARY_INV の場合に利用される最大値の 200 を指定します。第 4 引数に閾値処理の種類の cv2.THRESH_BINARY、cv2.THRESH_BINARY_INV、cv2.THRESH_TRUNC、cv2. THRESH_TOZERO、cv2.THRESH_TOZERO_INV を指定します。閾値処理の種類ごとに処理が異なります。

複数の戻り値

Python の関数やメソッドは複数の値を返すことができます。threshold.py では、

```
ret, dst = cv2.threshold(img, 100, 200, cv2.THRESH_BINARY)
```

の行で、cv2.threshold 関数が複数の値を返しています。

　複数の値を返す関数、メソッドの戻り値はタプル型となります。しかし、戻り値の個数に応じて代入する変数を複数用意し、カンマで区切れば、タプルの要素を変数に格納することができます。以下に、複数の値を返す関数の一例を示します。

```
>>> def test2():
...     return 1, "a"
...
>>> result = test2()
>>>
>>> print(result)
(1, 'a')
>>> print(type(result))
<class 'tuple'>
>>>
```

```
>>> result_1, result_a = test2()
>>>
>>> print(result_1)
1
>>> print(type(result_1))
<class 'int'>
>>> print(result_a)
a
>>> print(type(result_a))
<class 'str'>
```

　また、戻り値の個数と異なる個数の変数を用意した場合、エラーとなるので注意してください。以下に例を示します。

```
>>> def test3():
...     return 1, 2, 3
...
>>> result = test3()
>>>
>>> result1, result2 = test3()
Traceback (most recent call last):
  File "<stdin>", line 1, in <module>
ValueError: too many values to unpack (expected 2)
>>>
>>> result1, result2, result3 = test3()
>>>
```

以降に、ある画像の、あるラインの輝度を抽出し、グラフ化した様子を示します。

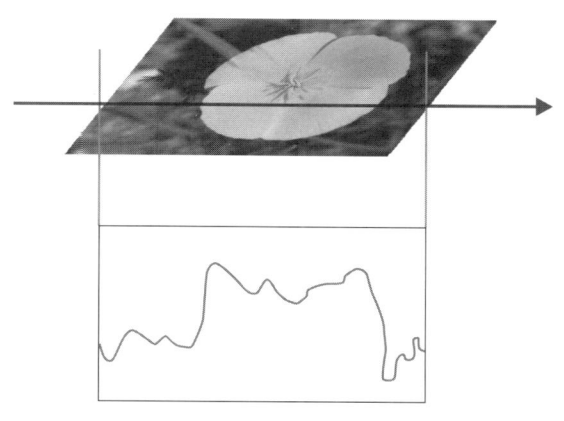

図5.3●輝度のグラフ

　これに閾値を指定し、閾値（今回は 100）より大きな値の場合、輝度を最大値（今回は200）に、閾値以下の場合、輝度を 0 に変更する例を示します。これは、cv2.threshold 関数の第 4 引数に cv2.THRESH_BINARY を指定したときの処理です。

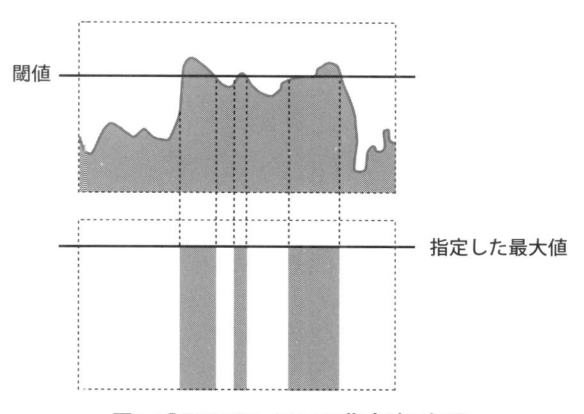

図5.4●THRESH_BINARY指定時の処理

　以降に、入力画像と引数を cv2.THRESH_BINARY としたときの実行結果を示します。

図5.5●cv2.THRESH_BINARYの実行結果

　次に、閾値より大きな値の場合、輝度を０に、閾値以下の場合、輝度を最大値に変更する例を示します。これは、cv2.threshold 関数の第４引数に cv2.THRESH_BINARY_INV を指定したときの処理です。

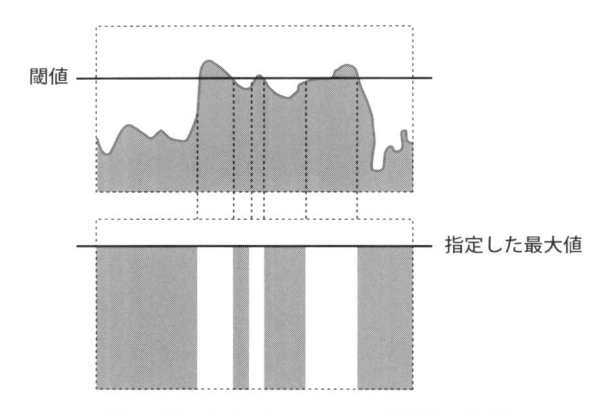

図5.6●THRESH_BINARY_INV指定時の処理

　次に、閾値より大きな値の場合、輝度を最大値に飽和させる例を示します。これは、cv2.threshold 関数の第４引数に cv2.THRESH_TRUNC を指定したときの処理です。

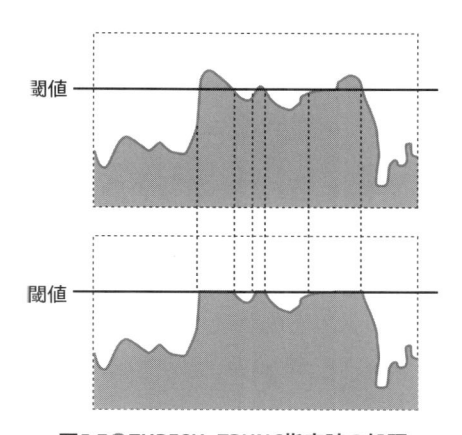

図5.7●THRESH_TRUNC指定時の処理

　閾値以下の場合、輝度を0に変更する例を示します。これは、cv2.threshold 関数の第4引数に cv2.THRESH_TOZERO を指定したときの処理です。

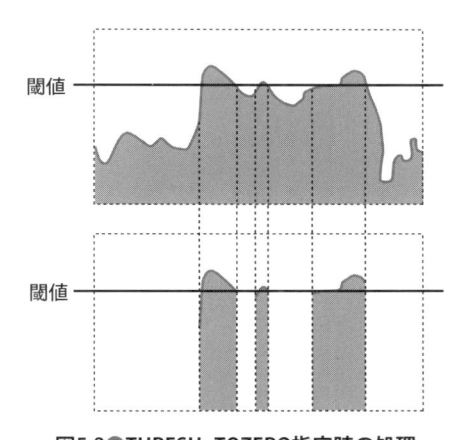

図5.8●THRESH_TOZERO指定時の処理

　閾値より大きな値の場合、輝度を0に変更する例を示します。これは、cv2.threshold 関数の第4引数に cv2.THRESH_TOZERO_INV を指定したときの処理です。

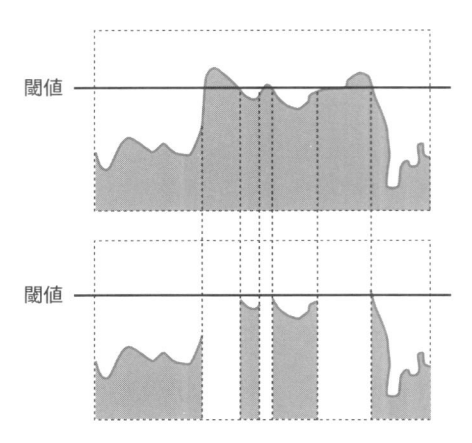

図5.9●THRESH_TOZERO_INV指定時の処理

以降に、入力画像と引数を cv2.THRESH_TOZERO_INV としたときの実行結果を示します。

図5.10●cv2.THRESH_TOZERO_INVの実行結果

5.4
閾値処理・その2 （アダプティブスレッショルド処理）

適応的閾値処理（アダプティブスレッショルド処理）を行うプログラムを紹介します。引数で、閾値処理の種類を切り替えます。以降に、ソースリストを示します。

リスト5.5●ソースリスト （adaptive_threshold.py）

```python
import cv2

try:
    img = cv2.imread('c:/temp/Lenna.jpg', cv2.IMREAD_GRAYSCALE)

    if img is None:
        print ('ファイルを読み込めません。')
        import sys
        sys.exit()

    dst = cv2.adaptiveThreshold(img, 200, cv2.ADAPTIVE_THRESH_GAUSSIAN_C,
                                            cv2.THRESH_BINARY, 7, 8)
    cv2.imwrite('c:/temp/adaptiveThreshold.jpg', dst)

    cv2.imshow('dst', dst)
    cv2.waitKey(0)
    cv2.destroyAllWindows()
except:
    import sys
    print("Error:", sys.exc_info()[0])
    print(sys.exc_info()[1])
    import traceback
    print(traceback.format_tb(sys.exc_info()[2]))
```

本プログラムは、cv2.adaptiveThreshold 関数で、画像に適応的閾値処理（アダプティブスレッショルド処理）を行います。引数に関しては、閾値処理・その1（スレッショルド処理）で説明したものと、ほぼ同様です。cv2.adaptiveThreshold 関数の第3引数に、適応的閾値アルゴリズムの cv2.ADAPTIVE_THRESH_MEAN_C か cv2.ADAPTIVE_THRESH_GAUSSIAN_

Cを指定します。適応とあるように、単純に閾値を求めるのではなく、近傍から閾値を求めます。近傍領域は第5引数に指定します。詳細は章の末尾に記載されている関数の説明を参照してください。

　以降に、入力画像と実行結果を示します。

図5.11●実行結果

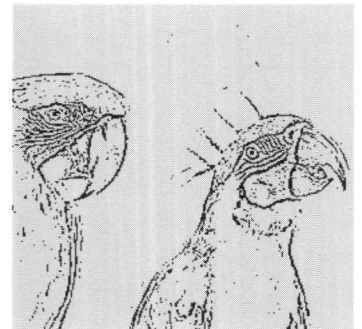

図5.12●実行結果・その2

5.5
カラー画像の各成分を分離

カラー画像の各成分を分離するプログラムを紹介します。これによって、どの色の成分が強いか判断できます。以降に、処理の概要を示します。

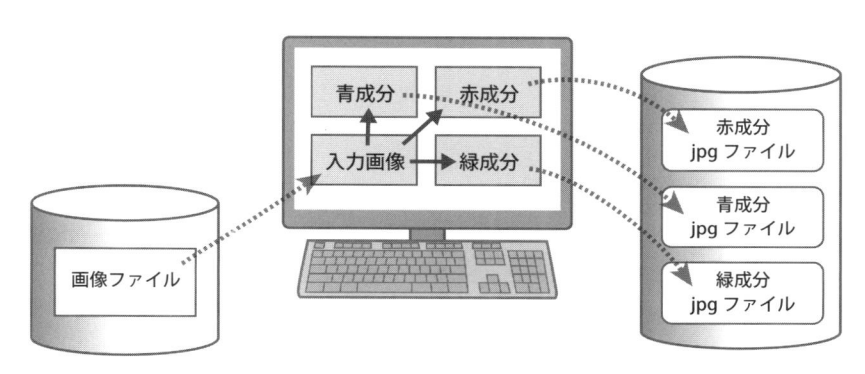

図5.13●処理の概要

以降に、ソースリストを示します。

リスト5.6●ソースリスト（split.py）

```python
import cv2

try:
    img = cv2.imread('c:/temp/Lenna.jpg')

    if img is None:
        print ('ファイルを読み込めません。')
        import sys
        sys.exit()

    rgb = cv2.split(img)
    blue = rgb[0]
    green = rgb[1]
    red = rgb[2]

    cv2.imwrite('c:/temp/b.jpg', blue)
```

```
    cv2.imwrite('c:/temp/g.jpg', green)
    cv2.imwrite('c:/temp/r.jpg', red)

    cv2.imshow('blue', blue)
    cv2.imshow('green', green)
    cv2.imshow('red', red)

    cv2.waitKey(0)
    cv2.destroyAllWindows()
except:
    import sys
    print("Error:", sys.exc_info()[0])
    print(sys.exc_info()[1])
    import traceback
    print(traceback.format_tb(sys.exc_info()[2]))
```

　本プログラムは、cv2.split 関数でカラー画像を赤、緑、青の各成分へ分離します。それぞれを、r.jpg、g.jpg、および b.jpg というファイル名で格納します。これらは各成分の強さを表しています。白に近いほど、当該成分が強く、黒に近いほど弱いことを示します。

　以降に、入力画像と実行結果を示します。左から入力画像、赤成分、緑成分、青成分を示します。

図5.14●実行結果

　紙面では分かり難いでしょうが、入力画像は赤成分が強いです。このため、赤成分の輝度が高いことが分かるでしょう。

　画像を変更した例も示します。

図5.15●実行結果・その2

　この画像も RGB が強く含まれていますので、実行結果から色成分の分布が良く分かります。紙面では入力画像がグレイスケールのため分かり難いと思いますが、実際に実行すると違いは良く分かるでしょう。

　最後に、白の背景に赤、緑、青で塗り潰した四角形を含む画像の実行結果を示します。

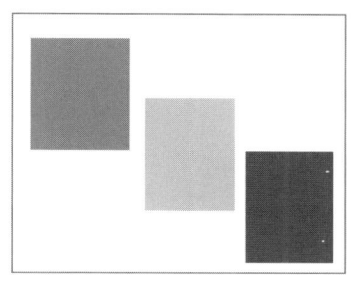

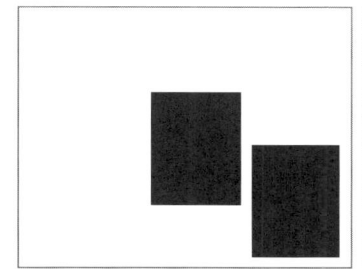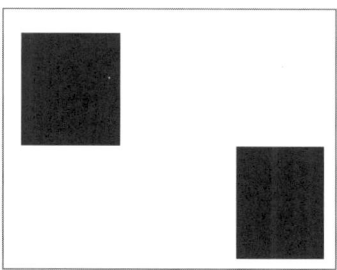

図5.16●実行結果・その3

　綺麗に赤、緑、青の成分が抜き出されています。背景が白のため、抜き出されているというより消えているように感じますが、成分として存在しないと輝度が低くなるため（この例では0）黒となり、成分として存在すると輝度が高くなり（この例では255）白となるため、このような結果となります。

5.6
関数の説明

■ cvtColor（cv2） ··

画像の色空間を変換します。

形式

cv2.cvtColor(src, code[, dst[, dstCn]]) → dst

引数

numpy.ndarray **src**	入力配列（画像）です。形式は 8 ビット符号無し、16 ビット符号無し、あるいは単精度浮動小数点型です。
int **code**	cv2.COLOR_<src_color_space>2<dst_color_space> の 定数を用いて指定する色空間の変換処理の方法です。詳細は、OpenCV のドキュメントを参照してください。
numpy.ndarray **dst** = None	出力配列（画像）です。src と同じサイズで同じ型です。
int **dstCn** = 0	出力配列のチャンネル数です。0 の場合は src から自動的に取得します。

戻り値

numpy.ndarray **dst**	出力配列（画像）です。src と同じサイズで同じ型です。

説明

　様々な色空間を変換します。本章のプログラムでは、カラー画像をグレイスケール画像へ変換します。

■ equalizeHist（cv2） ··

グレイスケール画像のヒストグラムを均一化します。

形式

cv2.equalizeHist(src[, dst]) → dst

引数

numpy.ndarray **src**	入力配列（画像）です。形式は、8 ビットシングルチャンネルでなければなりません。
numpy.ndarray **dst** = None	出力配列（画像）です。src と同じサイズで同じ型です。

戻り値

numpy.ndarray **dst**	出力配列（画像）です。src と同じサイズで同じ型です。

説明

画像のヒストグラムを均一化します。

■ threshold（cv2）

配列の要素に対して一定値での閾値処理を行います。

形式

cv2.threshold(src, thresh, maxval, type[, dst]) → retval, dst

引数

numpy.ndarray **src**	入力配列（画像）です。形式は、シングルチャンネルの 8 ビット、あるいは 32 ビット浮動小数点型です。
float **thresh**	閾値です。
float **maxval**	type 引数（閾値処理の種類）が THRESH_BINARY か THRESH_BINARY_INV のときに使用する最大値です。
int **type**	閾値処理の種類です。詳細は OpenCV のドキュメントや 5.3 節「閾値処理・その 1（スレッショルド処理)」の本文を参照してください。以降に、各処理の簡単な説明を表で示します。

type	説明
THRESH_BINARY	dst(x,y) = max_value if src(x,y) > threshold; 0 otherwise 擬似コード表現では； dst(x,y) = src(x,y) > threshold ? max_value : 0 ;
THRESH_BINARY_INV	dst(x,y) = 0 if src(x,y) > threshold; max_value otherwise 擬似コード表現では； dst(x,y) = src(x,y) > threshold ? 0 : max_value ;

type	説明
THRESH_TRUNC	dst(x,y) = threshold if src(x,y) > threshold; src(x,y) otherwise 擬似コード表現では； dst(x,y) = src(x,y) > threshold ? threshold : src(x,y) ;
THRESH_TOZERO	dst(x,y) = src(x,y) if src(x,y) > threshold; 0 otherwise 擬似コード表現では； dst(x,y) = src(x,y) > threshold ? src(x,y) : 0 ;
THRESH_TOZERO_INV	dst(x,y) = 0 if src(x,y) > threshold; src(x,y) otherwise 擬似コード表現では； dst(x,y) = src(x,y) > threshold ? 0 : src(x,y) ;

numpy.ndarray **dst** = None

出力配列（画像）です。src と同じサイズで同じ型です。

戻り値

float **retval**　　　　　閾値です。

numpy.ndarray **dst**　　出力配列（画像）です。src と同じサイズで同じ型です。

説明

シングルチャンネルの配列に対して、固定閾値での閾値処理を行います。この関数は、グレイスケール画像からの 2 値化画像生成する場合や、ノイズ除去に用いられます。

■ adaptiveThreshold（cv2）

入力配列（画像）の要素に対して適応的閾値処理を行います。

形式

cv2.adaptiveThreshold(src, maxValue, adaptiveMethod,
　　　　　thresholdType, blockSize, C[, dst]) → **dst**

引数

numpy.ndarray **src**　　入力配列（画像）です。形式は、8 ビットシングルチャンネルでなければなりません。

float **maxValue**　　　条件を満たすピクセルに割り当てられる値です。thresholdType 引数の説明を参照してください。

int **adaptiveMethod**　適応的閾値アルゴリズムです。ADAPTIVE_THRESH_MEAN_C か ADAPTIVE_THRESH_GAUSSIAN_C を 指 定 し ま す。ADAPTIVE_THRESH_MEAN_C を指定した場合、閾値 T(x, y) は、(x, y) の近傍

blockSize × blockSize の平均から C を減算した値を採用します。ADAPTIVE_THRESH_GAUSSIAN_C を指定した場合、閾値 T(x, y) は、(x, y) の近傍 blockSize × blockSize の加重平均から C を減算した値を採用します。

int **thresholdType**　　閾値処理の種類です。THRESH_BINARY か THRESH_BINARY_INV を指定します。以降に、各処理の簡単な説明を表で示します。

thresholdType	説明
THRESH_BINARY	dst(x,y) = maxValue if src(x,y) > T(x,y); 0 otherwise 擬似コード表現では； dst(x,y) = src(x,y) > T(x,y) ? maxValue : 0 ;
THRESH_BINARY_INV	dst(x,y) = 0 if src(x,y) > T(x,y); maxValue otherwise 擬似コード表現では； dst(x,y) = src(x,y) > T(x,y) ? 0 : maxValue ;

int **blockSize**　　閾値を算出するために使用する近傍領域のサイズ（3、5、7 など）です。

float **C**　　平均または加重平均から減算される定数です。通常は正の値ですが、0 やマイナスの値でも構いません。

numpy.ndarray **dst** = None

出力配列（画像）です。src と同じサイズで同じ型です。

戻り値

numpy.ndarray **dst**　　出力配列（画像）です。src と同じサイズで同じ型です。

説明

シングルチャンネルの配列に対して、適応的閾値処理を行います。

■ split（cv2）

マルチチャンネルの配列を、複数のシングルチャンネルに分割します。

形式

cv2.split(m[, mv]) → mv

引数

numpy.ndarray **m**　　入力配列（画像）です。

tuple もしくは list **mv** = None

出力配列（画像）の list です。要素数は入力画像のチャンネル数と一

致します。本章のプログラムでは、入力画像が 3 チャンネルのため、
3 チャンネル（b: 青チャンネル、g: 緑チャンネル、r: 赤チャンネル）
に分割しています。

戻り値

list **mv**

出力配列（画像）の list です。要素数は入力画像のチャンネル数と一
致します。本章のプログラムでは、入力画像が 3 チャンネルのため、
3 チャンネル（b: 青チャンネル、g: 緑チャンネル、r: 赤チャンネル）
に分割しています。

説明

マルチチャンネルの配列を、成分ごとにシングルチャンネルに分割します。

6

フィルタ処理

比較的単純なフィルタ処理を行うプログラムを紹介します。

6.1
画像の色反転

画像の色を反転するプログラムを紹介します。以降に、ソースリストを示します。

リスト6.1●ソースリスト（bitwise_not.py）

```python
import cv2

try:
    img = cv2.imread('c:/temp/Lenna.jpg')

    if img is None:
        print ('ファイルを読み込めません。')
        import sys
        sys.exit()

    dst = cv2.bitwise_not(img)
    cv2.imwrite('c:/temp/bitwise_not.jpg', dst)

    cv2.imshow('dst', dst)
    cv2.waitKey(0)
    cv2.destroyAllWindows()
except:
    import sys
    print("Error:", sys.exc_info()[0])
    print(sys.exc_info()[1])
    import traceback
    print(traceback.format_tb(sys.exc_info()[2]))
```

　本プログラムは、cv2.bitwise_not 関数を使用し画像の色を反転します。cv2.bitwise_not 関数は、すべてのビットを反転します。プログラムが単純なので詳しい説明は行いません。ソースコードと関数の説明を参照してください。

　以降に、入力画像と実行結果を示します。

図6.1●実行結果

6

6.2
ブラー処理

　ブラー処理とは平滑化を行うことです。指定したカーネルサイズで平滑化を行うプログラムを紹介します。処理対象画素（ピクセル）の実行結果は、指定したカーネルサイズの領域の平均値（輝度値／色）となります。以下に、カーネルサイズを 3×3 とした場合の例を示します。サイズ領域の平均値が3のため、処理対象画素は3に変換されます。

図6.2●単純平滑化

　以降に、ソースリストを示します。ほとんど前節と同様のため、異なる部分のみを示します。

リスト6.2●ソースリストの一部（blur.py）

```
    ⋮
dst = cv2.blur(img, (15, 15))
```

105

```
    cv2.imwrite('c:/temp/blur.jpg', dst)

    cv2.imshow('dst', dst)
    cv2.waitKey(0)
    cv2.destroyAllWindows()
     ⋮
```

　本プログラムは、画像へ cv2.blur 関数でブラー（平滑化）処理を行います。第 2 引数にカーネルサイズを指定し、この値によって処理対象範囲が決まります。cv2.blur 関数の詳細は章の末尾に記載されている関数の説明を参照してください。

　以降に、入力画像と実行結果を示します。

図6.3●実行結果

6.3
メディアン処理

　メディアンフィルタでブラー（平滑化）処理を行うプログラムを紹介します。処理対象画素の実行結果は、指定したカーネルサイズの領域の中央値（輝度値 / 色）となります。通常、メディアンフィルタはノイズ除去に用いられます。以下に、カーネルサイズを 3 × 3 とした場合の例を示します。サイズ領域の中央値が 2 のため、処理対象画素は 2 に変換されます。

図6.4●メディアンフィルタでの平滑化

以降に、ソースリストを示します。

リスト6.3●ソースリストの一部（median_blur.py）

```
    ⋮
dst = cv2.medianBlur(img, 11)
cv2.imwrite('c:/temp/medianBlur1.jpg', dst)
cv2.imshow('dst1', dst)

dst = cv2.medianBlur(img, 33)
cv2.imwrite('c:/temp/medianBlur2.jpg', dst)
cv2.imshow('dst2', dst)

cv2.waitKey(0)
cv2.destroyAllWindows()
    ⋮
```

　本プログラムは、cv2.medianBlur 関数でブラー（平滑化）処理を行います。前節と同様に、第2引数にカーネルサイズを指定し、この値によって処理対象範囲が決まります。また、メディアンフィルタは中央値を採用するため、第2引数は奇数でなければなりません。実行結果から、2番目の出力画像がかなりぼやけていることが分かるでしょう。cv2.medianBlur 関数の詳細は章の末尾に記載されている関数の説明を参照してください。

　以降に、入力画像と実行結果を示します。

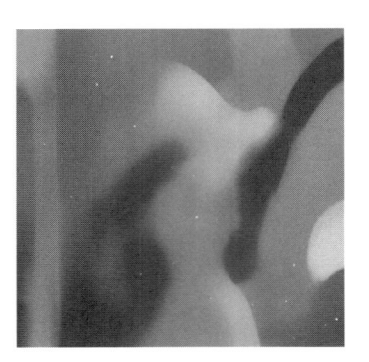

図6.5●実行結果

　メディアンフィルタはノイズ除去に用いられますが、前節で紹介した平均化のフィルタなどに比べ、元画像の高周波成分が失われにくいため、フィルタ処理後の画像が高品質になります。

6.4
ガウシアン処理

　ガウシアンフィルタでブラー（平滑化）処理を行うプログラムを紹介します。処理対象画素（ピクセル）の実行結果は、指定したカーネルサイズの領域に対し、処理対象画素との距離に応じて重みを変えるガウシアンカーネルで計算した値（輝度値 / 色）となります。以下に、カーネルサイズを 3 × 3 とした場合のカーネルと例を示します。サイズ領域の計算結果が 3.8 のため、処理対象画素は 3.8 に変換されます（例では小数点第二位以下を切り捨て）。

$$K = \frac{1}{16}\begin{bmatrix} 1 & 2 & 1 \\ 2 & 4 & 2 \\ 1 & 2 & 1 \end{bmatrix}$$

図6.6●カーネルサイズ3×3のガウシアンカーネル

2	3	2		2	3	2
1	8	5	➡	1	3.8	2
4	1	1		4	1	1

図6.7●ガウシアンフィルタでの平滑化

以降に、ソースリストの一部を示します。

リスト6.4●ソースリストの一部（gaussian_blur.py）

```
      ⋮
dst = cv2.GaussianBlur(img, (13, 13), 10, 10)
cv2.imwrite('c:/temp/gaussianBlur1.jpg', dst)
cv2.imshow('dst1', dst)

dst = cv2.GaussianBlur(img, (31, 5), 80, 3)
cv2.imwrite('c:/temp/gaussianBlur2.jpg', dst)
cv2.imshow('dst2', dst)
      ⋮
```

6

本プログラムは、cv2.GaussianBlur関数でブラー（平滑化）処理を行います。前節と同様に、第2引数にカーネルサイズを指定し、この値によって処理対象範囲が決まります。第3引数と第4引数でsigmaXとsigmaYを指定しますが、これらはカーネルの形を指定するために用いられるオプションです。cv2.GaussianBlur関数の詳細は章の末尾に記載されている関数の説明を参照してください。

以降に、入力画像と実行結果を示します。

  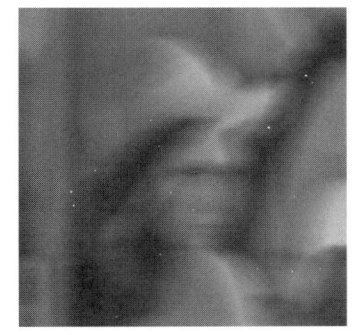

図6.8●実行結果

6.5

ラプラシアン処理

ラプラシアンフィルタでエッジ検出を行うプログラムを紹介します。以降に、ソースリストの一部を示します。

リスト6.5●ソースリストの一部（laplacian.py）

```
   ┊
dst = cv2.Laplacian(img, -1)
cv2.imwrite('c:/temp/laplacian.jpg', dst)

cv2.imshow('dst', dst)
cv2.waitKey(0)
cv2.destroyAllWindows()
   ┊
```

本プログラムは、cv2.Laplacian 関数で画像のエッジ検出を行います。ラプラシアンフィルタ処理は、後述の Sobel フィルタなどとは異なったオペレータを採用します。cv2.Laplacian 関数とオペレータの詳細は、章の末尾に記載されている関数の説明を参照してください。

以降に、入力画像と実行結果を示します。

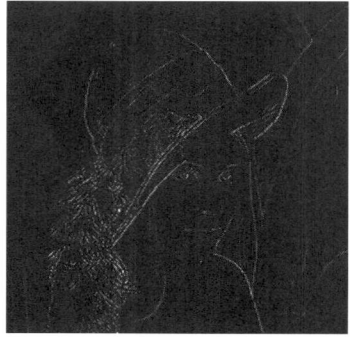

図6.9●実行結果

6.6
Sobel 処理

　Sobel フィルタでエッジ検出を行うプログラムを紹介します。以降に、ソースリストの一部を示します。

リスト6.6●ソースリストの一部（sobel.py）

```
     ⋮
dst = cv2.Sobel(img, -1, 0, 1)
cv2.imwrite('c:/temp/sobel.jpg', dst)

cv2.imshow('dst', dst)
cv2.waitKey(0)
cv2.destroyAllWindows()
     ⋮
```

　本プログラムは、cv2.Sobel 関数で画像のエッジ検出を行います。Sobel フィルタは、エッジ検出を行いますが、ラプラシアンフィルタなどと異なったオペレータを採用します。cv2.Sobel 関数とオペレータの詳細は、章の末尾に記載されている関数の説明を参照してください。

　以降に、入力画像と実行結果を示します。

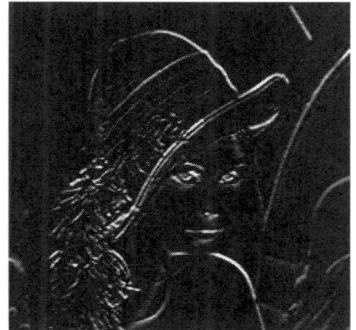

図6.10●実行結果

6.7
Canny 処理

Canny フィルタでエッジ検出を行うプログラムを紹介します。以降に、ソースリストの一部を示します。

リスト6.7●ソースリストの一部（canny.py）

```
    ⋮
dst = cv2.Canny(img, 40.0, 200.0)
cv2.imwrite('c:/temp/canny.jpg', dst)

cv2.imshow('dst', dst)
cv2.waitKey(0)
cv2.destroyAllWindows()
    ⋮
```

本プログラムは、cv2.Canny 関数で画像のエッジ検出を行います。Canny フィルタは、エッジ検出を行いますが、ラプラシアンフィルタなどと異なったオペレータを採用します。cv2.Canny 関数とオペレータの詳細は、章の末尾に記載されている関数の説明を参照してください。

以降に、入力画像と実行結果を示します。

 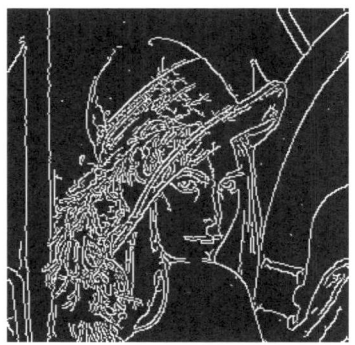

図6.11●実行結果

6.8
画像の膨張

　画像の膨張を行うプログラムを紹介します。画素の欠損した部分を補う場合などに利用します。次節の収縮処理と併せて使用するとノイズ除去にも応用できます。以降に、ソースリストの一部を示します。

リスト6.8●ソースリストの一部（dilate.py）

```
    ⋮
kernel = np.ones((3,3),np.uint8)
dst = cv2.dilate(img, kernel)
cv2.imwrite('c:/temp/dilate.jpg', dst)

cv2.imshow('dst', dst)
cv2.waitKey(0)
cv2.destroyAllWindows()
    ⋮
```

　本プログラムは、cv2.dilate 関数で画像の膨張処理を行います。cv2.dilate 関数は指定したカーネルサイズの領域から、一番輝度の高い画素を選びます。本プログラムでは、3 × 3 の矩形構造要素を用いています。プログラムが単純なので詳しい説明は行いません。ソースコードと章の末尾に記載されている関数の説明を参照してください。

　以降に、入力画像と実行結果を示します。

図6.12●実行結果

図6.13●実行結果・その2

オウムの顔の模様が薄くなっており、これから処理内容を想像できるでしょう。

次に、白地に黒で文字を書いた画像へ膨張処理を行った結果を示します。

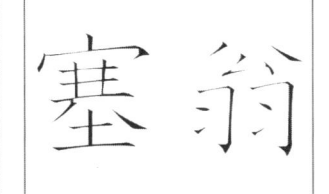

図6.14●実行結果・その3

一番左が入力画像、真ん中が膨張処理を一回行ったもの、一番右の画像は膨張処理を三回行ったものです。次第に文字の線が細くなっていくのが分かります。膨張処理を三回行う場合、複数回プログラムを実行する方法もありますが、cv2.dilate 関数の引数に iterations を指定する方が簡単です。以下に、回数を指定する場合の cv2.dilate 関数を示します。

```
dst = cv2.dilate(img, kernel, iterations = 3)
```

iterations が膨張処理を行う回数です。この例では 3 を指定し、膨張処理を三回行います。

6.9
画像の収縮

　画像の収縮処理を行うプログラムを紹介します。前節の膨張処理と併せて使用するとノイズ除去にも応用できます。以降に、ソースリストの一部を示します。

リスト6.9●ソースリストの一部（erode.py）

```
    ⋮
kernel = np.ones((3,3),np.uint8)
dst = cv2.erode(img, kernel)
cv2.imwrite('c:/temp/erode.jpg', dst)

cv2.imshow('dst', dst)
cv2.waitKey(0)
cv2.destroyAllWindows()
    ⋮
```

　本プログラムは、cv2.erode 関数を使用し画像の収縮処理を行います。cv2.erode 関数は指定したカーネルサイズの領域から、一番輝度の低い画素を選びます。本プログラムでは、3 × 3 の矩形構造要素を用いています。プログラムが単純なので詳しい説明は行いません。ソースコードと章の末尾に記載されている関数の説明を参照してください。

　以降に、入力画像と実行結果を示します。

図6.15●実行結果

図6.16●実行結果・その2

オウムの顔の模様が濃くなっており、これから処理内容を想像できるでしょう。

次に、白地に黒で文字を書いた画像へ収縮処理を行った結果を示します。

図6.17●実行結果・その3

　一番左が入力画像、真ん中が収縮処理を一回行ったもの、一番右の画像は収縮処理を三回行ったものです。次第に文字の線が太くなっていくのが分かります。収縮処理を三回行う場合、前節と同様に、引数に iterations を指定する方が簡単です。以下に、回数を指定する場合の cv2.erode 関数を示します。

```
dst = cv2.erode(img, kernel, iterations = 3)
```

　iterations が収縮処理を行う回数です。この例では3を指定し、収縮処理を三回行います。

6.10
ボックスフィルタ処理

　ボックスフィルタを用いて画像を平滑化するプログラムを紹介します。以降に、ソースリストの一部を示します。

リスト6.10●ソースリストの一部（box_filter.py）

```
      ⋮
dst = cv2.boxFilter(img, -1, (5,5))
cv2.imwrite('c:/temp/BoxFilter.jpg', dst)

cv2.imshow('dst', dst)
cv2.waitKey(0)
cv2.destroyAllWindows()
      ⋮
```

　本プログラムは、cv2.boxFilter 関数で平滑化処理を行います。第 2 引数に出力画像の dtype を指定し、第 3 引数にカーネルサイズを指定します。cv2.boxFilter 関数の詳細は、章の末尾に記載されている関数の説明を参照してください。

　以降に、入力画像と実行結果を示します。

図6.18●実行結果

　左から、入力画像、カーネルサイズ 5 × 5、10 × 10、25 × 25 を使用した実行結果です。カーネルサイズを大きくするほど、平滑度が強くなるのが分かるでしょう。

6.11
モザイク処理

モザイク処理を行うプログラムを紹介します。以降に、ソースリストの一部を示します。

リスト6.11●ソースリストの一部（mozaic.py）

```python
    ⋮
SCALE = 0.2
height = img.shape[0]
width = img.shape[1]

dst = cv2.resize(img, (round(width*SCALE), round(height*SCALE)),
                 interpolation = cv2.INTER_NEAREST)
dst = cv2.resize(dst, (width, height),
                 interpolation = cv2.INTER_NEAREST)
cv2.imwrite('c:/temp/mozaic.jpg', dst)

cv2.imshow('dst', dst)
cv2.waitKey(0)
cv2.destroyAllWindows()
    ⋮
```

　本プログラムは、cv2.resize 関数でモザイク処理を行います。cv2.resize 関数で画像を縮小した後に、元のサイズに戻すことでモザイク処理を行います。縮小する際の補間について、それほど留意する必要はありません。しかし、拡大するときは綺麗に補間されないように cv2. INTER_NEAREST を指定してください。

　以降に、入力画像と実行結果を示します。

図6.19●実行結果

6.12
関数の説明

■ bitwise_not（cv2） ···

配列のすべてのビットを反転します。

形式

cv2.bitwise_not(src[, dst[, mask]]) → dst

引数

numpy.ndarray **src**　　　　　　入力配列（画像）です。

numpy.ndarray **dst** = Ncne　　　出力配列（画像）です。src と同じサイズで同じ型です。

numpy.ndarray **mask** = None　　マスク用の配列（画像）です。

戻り値

numpy.ndarray **dst**　　　　　　出力配列（画像）です。src と同じサイズで同じ型です。

説明

配列のすべてのビットを反転します。以下に、処理を式で示します。

```
dst(I) = !src(I)
```

入力が多チャンネルの場合、それぞれのチャンネルは独立に処理されます。

■ blur（cv2） ・・・

ブラー処理を行います。

形式

cv2.blur(src, ksize[, dst[, anchor[, borderType]]]) → dst

引数

numpy.ndarray **src**

入力配列（画像）です。チャンネル数は任意で、それぞれ独立して処理されます。ただし、dtype は、uint8、uint16、int16、float32 またはfloat64 でなければなりません。

tuple **ksize**　　　ブラー処理に使用するカーネルサイズです。(幅 , 高さ) を指定します。

numpy.ndarray **dst** = None

出力配列（画像）です。src と同じサイズで同じ型です。

tuple **anchor** = (–1, –1)

アンカー位置 (X, Y) です。X は ksize の幅より小さく、Y は ksize の高さより小さい値でなければなりません。デフォルト値の (–1, –1) は ksize の中心を表します。

int **borderType** = cv2.BORDER_DEFAULT

画像の外側のピクセルを推定する方法です。

戻り値

numpy.ndarray **dst**

出力配列（画像）です。src と同じサイズで同じ型です。

説明

平均化フィルタで平滑化を行います。各ピクセルに対して、実行結果は、ksize[0] × ksize[1] の隣接領域の平均値（輝度値 / 色）となります。

■ medianBlur（cv2） ・・・

メディアンフィルタを用いてブラー処理（平滑化）を行います。

形式

cv2.medianBlur(src, ksize[, dst]) → dst

numpy.ndarray **src**　入力配列（画像）です。チャンネル数は 1、3 あるいは 4 です。ksize
が 3 か 5 の場合、dtype は uint8、uint16 あるいは float32 です。
ksize が先のサイズ以上の場合、dtype は uint8 でなければなりません。

int **ksize**　ブラー処理に使用するカーネルサイズです。幅 =ksize、高さ =ksize
のカーネルとなります。メディアンフィルタは、中央値を採用するため、1 より大きな奇数を指定しなければなりません。たとえば、3、5、
7……です。

numpy.ndarray **dst** = None

出力配列（画像）です。src と同じサイズで同じ型です。

戻り値

numpy.ndarray **dst**　出力配列（画像）です。src と同じサイズで同じ型です。

説明

　メディアンフィルタで平滑化を行います。各ピクセルに対して、実行結果は、ksize ×
ksize の隣接領域の中央値（輝度値 / 色）となります。入力が多チャンネルの場合、それぞれのチャンネルは独立に処理されます。インプレースモードをサポートしているので、入力
画像と出力画像に同じ配列を指定できます。

■ GaussianBlur（cv2） ....

ガウシアンフィルタを用いてブラー処理（平滑化）を行います。

形式

cv2.GaussianBlur(src, ksize, sigmaX[, dst[, sigmaY[, borderType]]]) → dst

引数

numpy.ndarray **src**　入力配列（画像）です。チャンネル数は任意で、各チャンネルは
独立して処理されます。ただし、dtype は uint8、uint16、int16、
float32 あるいは float64 でなければなりません。

tuple **ksize**　カーネルサイズです。(幅, 高さ) を指定します。ksize[0] と ksize[1] は、
正の値で、かつ奇数でなければなりません。あるいは 0 を指定でき、
その場合は sigma から計算されます。

float **sigmaX**　　　　　X方向のガウシアンsigma（標準偏差）です。

numpy.ndarray **dst** = None

　　　　　　　　　　　出力配列（画像）です。srcと同じサイズで同じ型です。

float **sigmaY** = 0　　　Y方向のガウシアンsigma（標準偏差）です。0を指定した場合、sigmaXと同じ値となります。両方に0を指定した場合、シグマはksizeの値から算出されます。ただ、これらは今後もサポートされるとは限らないので、なるべくksize、sigmaX、sigmaYは明示的に指定することを推奨します。詳細はOpenCVのドキュメントを参照してください。

int **borderType** = cv2.BORDER_DEFAULT

　　　　　　　　　　　画像の外側のピクセルを推定する方法です。

戻り値

numpy.ndarray **dst**　　出力配列（画像）です。srcと同じサイズで同じ型です。

説明

　ガウシアンフィルタで平滑化を行います。インプレースモードをサポートしているので、入力画像と出力画像に同じ配列を指定できます。各ピクセルに対して、実行結果は、ksize[0] × ksize[1] の隣接領域をガウシアンカーネルで計算した値（輝度値 / 色）となります。詳細はOpenCVのドキュメントを参照してください。

■ Laplacian（cv2）　・・

画像のラプラシアン（Laplacian）を計算します。

形式

cv2.Laplacian(src, ddepth[, dst[, ksize[, scale[, delta[, borderType]]]]]) → dst

引数

numpy.ndarray **src**　　入力配列（画像）です。

int **ddepth**　　　　　出力配列（画像）のdtypeを決定する値です。−1の場合は入力配列（画像）と同じdtypeとなります。指定する値は以下の表を参照してください。

表6.1●指定する値と出力配列のデータ型（dst.dtype）の対応

指定する値	dst.dtype
cv2 CV_8S	int8
cv2 CV_8U	uint8
cv2 CV_16S	int16
cv2.CV_16U	uint16
cv2.CV_32S	int32
cv2.CV_32F	float32
cv2.CV_64F	float64

numpy.ndarray **dst** = None

　　　　　　　　出力配列（画像）です。src と同じサイズで同じチャンネル数です。

int **ksize** = 1　　　　2 次微分フィルタを求めるために利用されるカーネルサイズです。

float **scale** = 1　　　求められたラプラシアンに対するスケールファクタです。

float **delta** = 0　　　結具の dst に格納する前に加えられる値です。

int **borderType** = cv2.BORDER_DEFAULT

　　　　　　　　画像の外側のピクセルを推定する方法です。

戻り値

numpy.ndarray **dst**　　出力配列（画像）です。src と同じサイズで同じチャンネル数です。

説明

　この関数は、Sobel 演算子を用いて計算された x と y の 2 次微分を加算することで、入力画像のラプラシアン（Laplacian）を計算します。ksize=1 を指定した場合、以下のカーネルを用いて計算されます。

$$\begin{bmatrix} 0 & 1 & 0 \\ 1 & -4 & 1 \\ 0 & 1 & 0 \end{bmatrix}$$

■ Sobel（cv2）・・・

拡張 Sobel 演算子を用いて一次、二次、三次または混合次数の微分画像を計算します。

形式

cv2.Sobel(src, ddepth, dx, dy[, dst[, ksize[, scale[,
                delta[, borderType]]]]]) → dst

引数

numpy.ndarray **src**   入力配列（画像）です。

int **ddepth**   出力配列の dtype です。src.dtype との組み合わせでサポートしてい
        るものを表で示します。

src.dtype	ddepth
uint8	−1 / cv2.CV_16S / cv2.CV_32F / cv2.CV_64F
uint16 / int16	−1 / cv2.CV_32F / cv2.CV_64F
float32	−1 / cv2.CV_32F / cv2.CV_64F
float64	−1 / cv2.CV_64F

        ddepth に −1 を指定した場合、入力配列（画像）と同じ dtype が採用
        されます。

int **dx**   x 方向の微分次数です。

int **dy**   y 方向の微分次数です。

numpy.ndarray **dst** = None
        出力配列（画像）です。src と同じサイズで同じチャンネル数です。

int **ksize** = 3   拡張 Sobel カーネルのサイズです。1、3、5、7 のいずれかです。

float **scale** = 1   求められた微分値に対するスケールファクタです。

float **delta** = 0   結果の dst に格納する前に加えられる値です。

int **borderType** = cv2.BORDER_DEFAULT
        画像の外側のピクセルを推定する方法です。

戻り値

numpy.ndarray **dst**   出力配列（画像）です。src と同じサイズで同じチャンネル数です。

説明

    通常の Sobel フィルタは、カーネルサイズに 3 × 3 を採用します。Sobel 演算子はガウシアンによる平滑化と、微分の重ね合わせ処理です。このため、ノイズに対してある程度頑健

です。一次の x- 微分画像あるいは y- 微分画像を計算するときには、ほとんどの場合、引数はそれぞれ（dx=1, dy=0）、または（dx=0, dy=1）を用います。

（dx=1, dy=0）の場合、Sobel カーネルは $\begin{bmatrix} -1 & 0 & 1 \\ -2 & 0 & 2 \\ -1 & 0 & 1 \end{bmatrix}$ です。

（dx=0, dy=1）の Sobel カーネルは $\begin{bmatrix} -1 & -2 & -1 \\ 0 & 0 & 0 \\ 1 & 2 & 1 \end{bmatrix}$ です。

■ Canny（cv2）

エッジ検出のための Canny アルゴリズム（[Canny86] algorithm）を実行します。

形式

cv2.Canny(image, threshold1, threshold2[, edges[,
apertureSize[, L2gradient]]]) → edges

引数

numpy.ndarray **image**　　8 ビットの入力配列（画像）です。

float **threshold1**　　1 番目の閾値です。

float **threshold2**　　2 番目の閾値です。

numpy.ndarray **edges** = None

出力配列（画像）です。8 ビットシングルチャンネルで src と同じサイズです。

int **apertureSize** = 3　　拡張 Sobel カーネルのサイズです。1、3、5、7 のいずれかです。

bool **L2gradient** = False

L2 ノルムを利用するかどうかのフラグです。True で L2、False で L1 ノルムを利用します。

戻り値

numpy.ndarray **edges**　　出力配列（画像）です。8 ビットシングルチャンネルで src と同じサイズです。

説明

引数 threshold1 と threshold2 は、小さいほうがエッジ同士を接続するために用いられ、大きいほうが強いエッジの初期検出に用いられます。

■ dilate（cv2） ···

膨張処理を行います。

形式

cv2.dilate(src, kernel[, dst[, anchor[, iterations[,
　　　　　　　borderType[, borderValue]]]]]) → dst

引数

numpy.ndarray **src**　　　入力配列（画像）です。チャンネル数は任意で、それぞれ独立
　　　　　　　　　　　して処理されます。ただし、dtype は uint8、uint16、int16、
　　　　　　　　　　　float32 または float64 でなければなりません。

numpy.ndarray **kernel**　膨張に用いられる構造要素です。

numpy.ndarray **dst** = None
　　　　　　　　　　　出力配列（画像）です。src と同じサイズで同じ型です。

tuple **anchor** = (–1, –1)　アンカー位置です。(–1, –1) は中心を表します。

int **iterations** = 1　　　処理回数です。

int **borderType** = cv2.BORDER_DEFAULT
　　　　　　　　　　　画像の外側のピクセルを推定する方法です。

tuple **borderValue** = morphologyDefaultBorderValue()
　　　　　　　　　　　borderType に cv2.BORDER_CONSTANT が指定されたときの、画
　　　　　　　　　　　像の外側のピクセル値です。

戻り値

numpy.ndarray **dst**　　　出力配列（画像）です。src と同じサイズで同じ型です。

説明

　指定した近傍領域から最大値を取り出し、膨張処理を行います。インプレースモードをサポートしているので、入力画像と出力画像に同じ配列を指定できます。マルチチャンネル画像の場合、各チャンネルは独立して処理されます。

■ erode（cv2） ···

収縮処理を行います。

形式

cv2.erode(src, kernel[, dst, anchor[, iterations[,
borderType[, borderValue]]]]]) → dst

引数

numpy.ndarray **src** 　入力配列（画像）です。チャンネル数は任意で、それぞれ独立
して処理されます。ただし、dtype は uint8、uint16、int16、
float32 または float64 でなければなりません。

numpy.ndarray **kernel** 　収縮に用いられる構造要素です。

numpy.ndarray **dst** = None
出力配列（画像）です。src と同じサイズで同じ型です。

tuple **anchor** = (–1, –1) 　アンカー位置です。(–1, –1) は中心を表します。

int **iterations** = 1 　処理回数です。

int **borderType** = cv2.BORDER_DEFAULT
画像の外側のピクセルを推定する方法です。

tuple **borderValue** = morphologyDefaultBorderValue()
borderType に cv2.BORDER_CONSTANT が指定されたときの、画
像の外側のピクセル値です。

戻り値

numpy.ndarray **dst** 　出力配列（画像）です。src と同じサイズで同じ型です。

説明

　指定した近傍領域から最小値を取り出し、収縮処理を行います。インプレースモードをサ
ポートしているので、入力画像と出力画像に同じ配列を指定できます。マルチチャンネル画
像の場合、各チャンネルは独立して処理されます。

■ boxFilter（cv2） ....

ボックスフィルタを用いて画像を平滑化します。

形式

cv2.boxFilter(src, ddepth, ksize[, dst[, anchor[,
　　　　　　　　　　normalize[, borderType]]]]) → dst

引数

numpy.ndarray **src**　　　入力配列（画像）です。

int **ddepth**　　　　　　出力配列（画像）の dtype を決定する値です。–1 の場合は入力配
　　　　　　　　　　　　列（画像）と同じ dtype となります。詳細は OpenCV のドキュメ
　　　　　　　　　　　　ントや、p. 123 の表 6.1 を参照してください。

tuple **ksize**　　　　　　平滑化カーネルのサイズです。(幅 , 高さ) を指定します。

numpy.ndarray **dst** = None
　　　　　　　　　　　　出力配列（画像）です。src と同じサイズで同じ型です。

tuple **anchor** = (–1, –1)　アンカー位置です。(–1, –1) は中心を表します。

bool **normalize** = True　正規化された箱型フィルタを使用するかのフラグです。True を指
　　　　　　　　　　　　定すると使用します。

int **borderType** = cv2.BORDER_DEFAULT
　　　　　　　　　　　　画像の外側のピクセルを推定する方法です。

戻り値

numpy.ndarray **dst**　　　出力配列（画像）です。src と同じサイズで同じ型です。

説明

カーネルを用いて画像の平滑化を行います。

$$K = \alpha \begin{bmatrix} 1 & 1 & 1 & \cdots & 1 & 1 \\ 1 & 1 & 1 & \cdots & 1 & 1 \\ \cdots\cdots\cdots\cdots\cdots\cdots\cdots \\ 1 & 1 & 1 & \cdots & 1 & 1 \end{bmatrix}$$

α は、1/(ksize[0] × ksize[1]) が用いられます。normalize に与える値で α を変更できます。
正規化されていない（normalize != True）ボックスフィルタは、微分画像の各ピクセル近傍領
域の重要な特徴を求める際に役立ちます。ここでは単に単純平滑化に利用しましたが、正規化
せず、他の処理へ応用するとき使用すると良いでしょう。

二つの画像合成

　比較的単純な画像合成プログラムを紹介します。マスクや ROI（Region Of Interest）を使用して、一部のエリアだけを処理対象とする例も紹介します。

7.1
二つの画像を加算

二つの画像を加算するプログラムを紹介します。

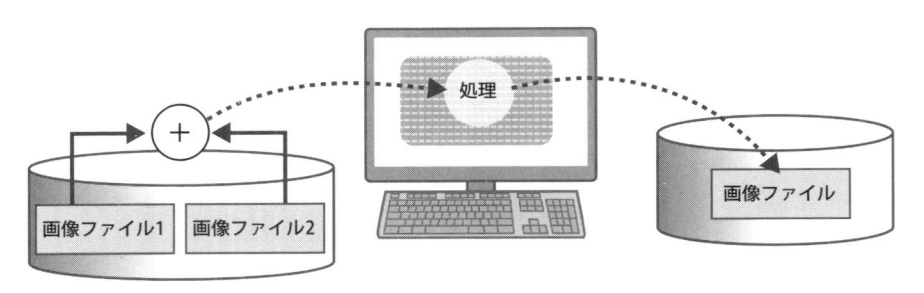

図7.1●動作概要

以降に、ソースリストを示します。

リスト7.1●ソースリスト（add.py）

```python
import cv2

try:
    img1 = cv2.imread('c:/temp/Lenna.jpg')
    img2 = cv2.imread('c:/temp/Parrots.jpg')

    if img1 is None or img2 is None:
        print ('ファイルを読み込めません。')
        import sys
        sys.exit()

    dst = cv2.add(img1, img2)
    cv2.imwrite('c:/temp/add.jpg', dst)
    cv2.imshow('dst', dst)

    cv2.waitKey(0)
    cv2.destroyAllWindows()
except:
    import sys
    print("Error:", sys.exc_info()[0])
```

```
    print(sys.exc_info()[1])
    import traceback
    print(traceback.format_tb(sys.exc_info()[2]))
```

　本プログラムは、cv2.add 関数を使用し、二つの画像を加算します。二つの画像サイズが異なる場合、エラーとなるので注意してください。プログラムは単純で、単に cv2.add 関数で二つの画像を加算しているだけです。

　以降に、入力画像と実行結果を示します。

図7.2●実行結果

　次に、画像とスカラーを加算するプログラムを紹介します。

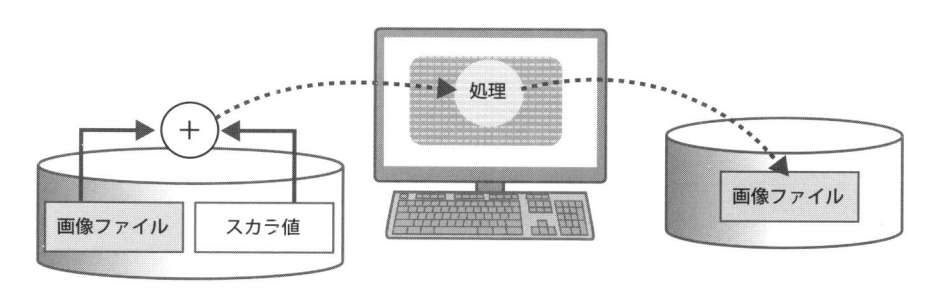

図7.3●動作概要

リスト7.2●ソースリスト（add_scalar.py）

```
import cv2
import numpy as np
```

```
try:
    img = cv2.imread('c:/temp/Parrots.jpg')

    if img is None:
        print ('ファイルを読み込めません。')
        import sys
        sys.exit()

    height = img.shape[0]
    width = img.shape[1]
    blue = np.zeros((height, width, 3), np.uint8)
    blue[:,:] = [128, 0, 0]

    dst = cv2.add(img, blue)
    cv2.imwrite('c:/temp/addScalar.jpg', dst)
    cv2.imshow('dst', dst)

    cv2.waitKey(0)
    cv2.destroyAllWindows()
except:
    import sys
    print("Error:", sys.exc_info()[0])
    print(sys.exc_info()[1])
    import traceback
    print(traceback.format_tb(sys.exc_info()[2]))
```

　先ほどと同様に、cv2.add 関数を使用します。一つの画像にスカラー値を加算するため、ス
カラーで指定された色に偏った色で表示されます。この例では、スカラー値に [128, 0, 0] を
使用します。紙面では分かり難いでしょうが、青みが強い画像に変換されます。

　以降に、入力画像と実行結果を示します。

図7.4●実行結果

　次に、二つの画像を加算しますが、その際にマスクを使用するプログラムを紹介します。以降に、ソースリストを示します。

リスト7.3●ソースリスト（add_mask.py）

```python
import cv2
import numpy as np

try:
    img1 = cv2.imread('c:/temp/Lenna.jpg')
    img2 = cv2.imread('c:/temp/Parrots.jpg')

    if img1 is None or img2 is None:
        print ('ファイルを読み込めません。')
        import sys
        sys.exit()

    height = img1.shape[0]
    width = img1.shape[1]

    img_mask = np.zeros((height, width), np.uint8)
    img_mask[height//4:height*3//4, width//4:width*3//4] = [255]

    dst = cv2.add(img1, img2, mask = img_mask)
    cv2.imwrite('c:/temp/addMask1.jpg', dst)
    cv2.imshow('dst1', dst)

    dst = cv2.add(img1, img2, dst = img1, mask = img_mask)
```

```
        cv2.imwrite('c:/temp/addMask2.jpg', dst)
        cv2.imshow('dst2', dst)

        cv2.waitKey(0)
        cv2.destroyAllWindows()
except:
    import sys
    print("Error:", sys.exc_info()[0])
    print(sys.exc_info()[1])
    import traceback
    print(traceback.format_tb(sys.exc_info()[2]))
```

　本プログラムは、最初に示したプログラムの add.py に近く、cv2.add 関数を使用し二つの画像を加算します。add.py と異なるのはマスクを使用することです。マスク（img_mask）は、画像の中心部へ四角形を形成し、その範囲だけが加算対象となります。以降にマスク（img_mask）を図で示します。

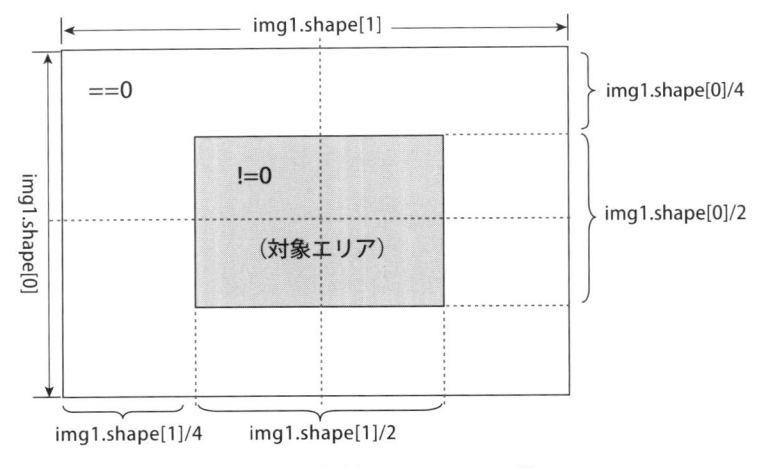

図7.5●加算対象となるマスクの範囲

　以降に、入力画像と実行結果を示します。上段が二つの入力画像、下段が実行結果です。実行結果の一つ目は、二つの入力画像のマスク部分の加算結果を入力画像と同じサイズで出力するため、黒色の画像に加算結果を代入したものとなります。二つ目は、一つ目の入力画像に加算結果を代入したものとなります。詳細はソースコードを参照してください。

図7.6●実行結果

　先ほどのマスクを使用したプログラムと同じことを、ROI（region of interest）を使用して実行してみましょう。以降に、ソースリストの一部を示します。

リスト7.4●ソースリストの一部（add_roi.py）

```
    ⋮
img1 = cv2.imread('c:/temp/Lenna.jpg')
img2 = cv2.imread('c:/temp/Parrots.jpg')

if img1 is None or img2 is None:
    print ('ファイルを読み込めません。')
    import sys
    sys.exit()

dst = img1.copy()

height = img1.shape[0]
width = img1.shape[1]
```

```
    img1_roi = img1[height//4:height*3//4, width//4:width*3//4]
    img2_roi = img2[height//4:height*3//4, width//4:width*3//4]
    dst_roi = dst[height//4:height*3//4, width//4:width*3//4]

    cv2.add(img1_roi, img2_roi, dst_roi)
    cv2.imwrite('c:/temp/dst.jpg', dst)
    cv2.imshow('dst', dst)

    cv2.waitKey(0)
    cv2.destroyAllWindows()
     ⋮
```

　本プログラムは、マスクを使用しない代わりに、全部のオブジェクトに範囲 ROI を設定し、先ほどのマスクを使用したプログラムと同じ処理を行います。

　以降に、入力画像と実行結果を示します。

  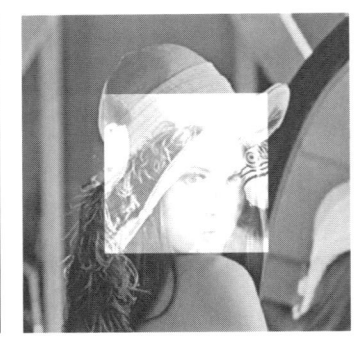

図7.7●実行結果

　最後に、二つの画像に重みを付けて加算するプログラムを紹介します。重みテーブルを使って、二つの画像を加算します。

リスト7.5●ソースリスト（add_weight_table.py）

```
import cv2
import math
import numpy as np
```

```python
try:
    def create_cos(rows, cols):
        weight = np.zeros((rows, cols, 3), np.float32)
        center = (rows/2, cols/2)
        radius = math.sqrt(center[0]**2 + center[1]**2)

        for r in range(rows):
            for c in range(cols):
                #distance from center
                distance = math.sqrt((center[0] - r)**2 + (center[1] - c)**2)

                #radius=π, current radian
                radian = (distance / radius) * math.pi

                #cosθ, normalize -1.0~1.0 to 0~1.0
                Y = (math.cos(radian) + 1.0) / 2.0
                weight[r, c] = [Y, Y, Y]

        return weight

    img1 = cv2.imread('c:/temp/Lenna.jpg').astype(np.float32) / 255
    img2 = cv2.imread('c:/temp/Parrots.jpg').astype(np.float32) / 255

    if img1 is None or ing2 is None:
        print ('ファイルを読み込めません。')
        import sys
        sys.exit()

    rows, cols = img1.shape[:2]

    weight = create_cos(rows, cols)
    i_weight = 1.0 - weight

    int_src1 = cv2.multiply(img1, weight)
    int_src2 = cv2.multiply(img2, i_weight)

    dst = cv2.add(int_src1, int_src2)

    cv2.imwrite('c:/temp/int_src1.jpg', int_src1 * 255)
    cv2.imwrite('c:/temp/int_src2.jpg', int_src2 * 255)
    cv2.imwrite('c:/temp/dst.jpg', dst * 255)
```

```
    cv2.imshow('int_src1', int_src1)
    cv2.imshow('int_src2', int_src2)
    cv2.imshow('dst', dst)

    # エラーが出る場合は、49~51行目をコメントアウトし、以下のソースコードを使用してください
    #cv2.imshow('int_src1', (int_src1 * 255).astype(np.uint8))
    #cv2.imshow('int_src2', (int_src2 * 255).astype(np.uint8))
    #cv2.imshow('dst', (dst * 255).astype(np.uint8))

    cv2.waitKey(0)
    cv2.destroyAllWindows()
except:
    import sys
    print("Error:", sys.exc_info()[0])
    print(sys.exc_info()[1])
    import traceback
    print(traceback.format_tb(sys.exc_info()[2]))
```

add_weight_table.py でエラーが出る場合

add_weight_table.py を実行した際に、

```
error: (-215:Assertion failed) dst.data == (uchar*)dst_ptr in
function 'cvShowImage'
```

というエラーが出る場合は、ソースリストの 49 〜 51 行目を以下のように書き換えてください。

```
    cv2.imshow('int_src1', (int_src1 * 255).astype(np.uint8))
    cv2.imshow('int_src2', (int_src2 * 255).astype(np.uint8))
    cv2.imshow('dst', (dst * 255).astype(np.uint8))
```

OpenCV のバージョン 4.0.0 で、cv2.imshow 関数の入力配列（画像）の dtype が uint8 でないとエラーとなるバグがあります。出版時にはすでに修正されている可能性がありますが、エラーとなる場合は該当箇所を上記ソースコードに変更してください。

　本プログラムは、これまでのマスクや ROI の代わりに重み付けのテーブルを用い、2 つの画像を加算します。まず、今回用いた重みテーブルを説明します。重みテーブルは、create_cos 関数で作成します。以降に、重みテーブルの算出法を図に示します。

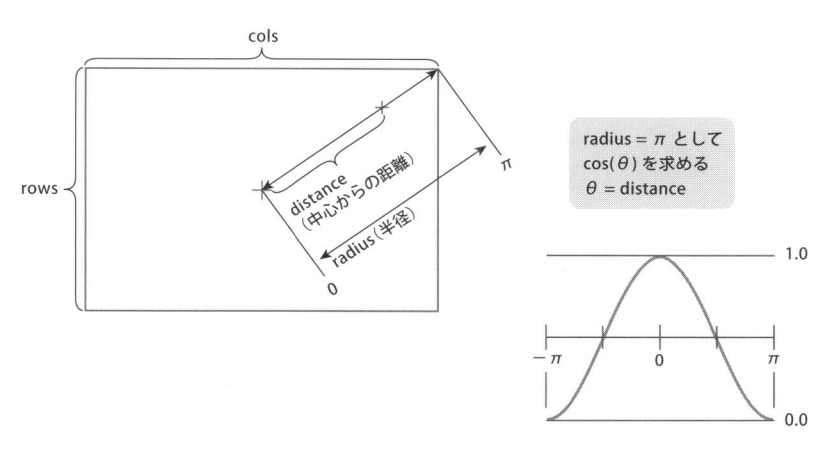

図7.8●重みテーブルの算出法

　重みの値は、対角線の半分を π（=radius）として、画像の各要素値の中心からの距離を math.cos 関数に与えることで作成します。具体的には、radius を π とし、中心からの距離 distance を cos の角度として与えます。distance は度数で求められているため、弧度法へ変換し、weight の当該座標の値を求めます。cos 関数は −1.0 〜 1.0 を返すので、これを 0.0 〜 1.0 へ正規化します。この処理は create_cos 関数に実装します。以降に、得られた値をビジュアル化して示します。

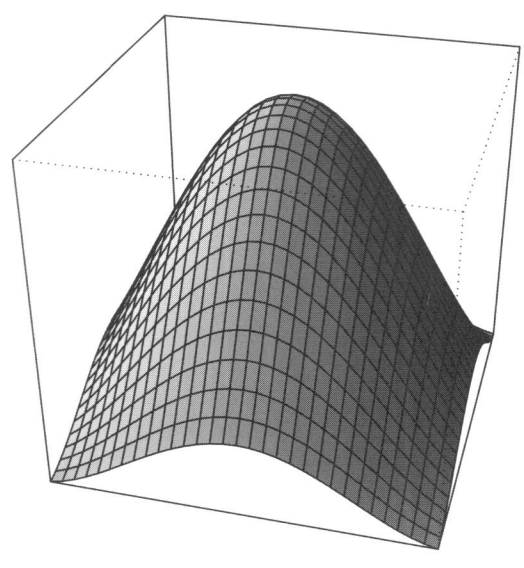

図7.9●重みテーブル

　さらに、これと相互補完関係にある重みテーブルを i_weight へ求めます。

　なお、今回の入力画像のデータ型が uint8 であるため、cv2.imread 関数で読み込む際に、重みテーブルのデータ型の float32 に合わせる必要があります。そこで、numpy.ndarray.astype 関数でデータ型を float32 に変換します。また、float を扱う場合、正規化する必要があるため、255 で除算しています。

　二つのテーブルと入力画像を、それぞれ乗算した様子を示します。

 × 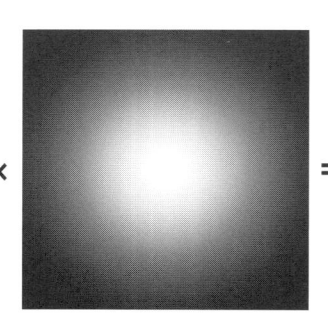 =  ①

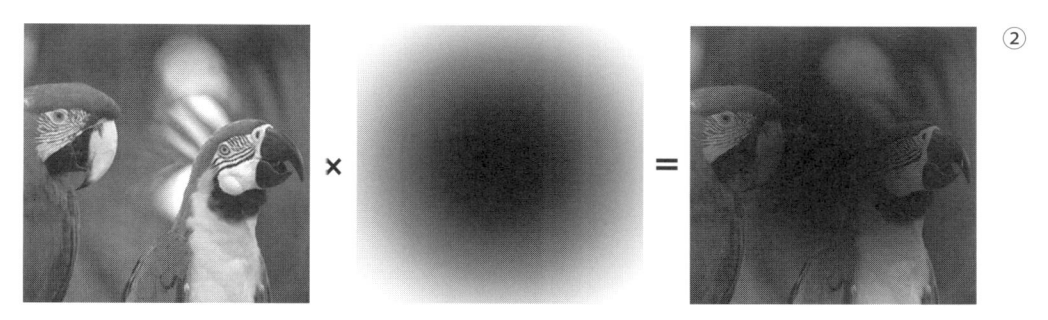

図7.10●画像とテーブルの乗算

　画像とテーブルの乗算は cv2.multiply で行います。生成した二つのテーブル weight、i_weight を使用して、二つの画像を生成します。

　最後にこの二つの画像を加算します。この途中の加算される画像もファイルに保存しますが、このコードは外しても構わないでしょう。以降に、途中の画像と、それらを加算した結果を示します。

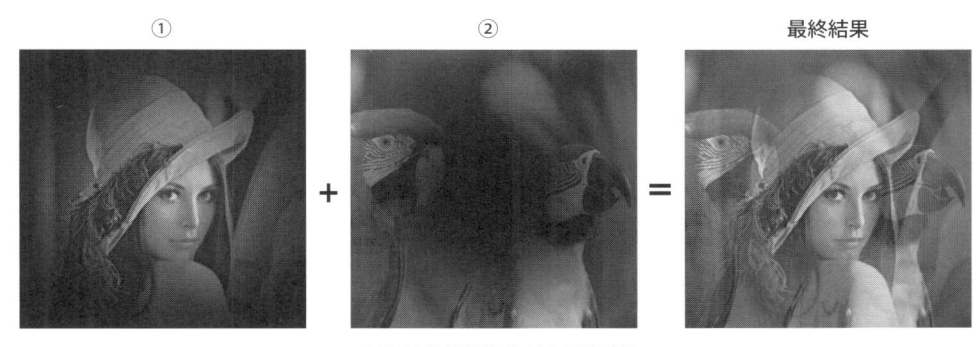

図7.11●乗算した結果を加算

　以降に、二つの画像の指定順を逆にして実行した例を示します。途中の画像は示さず、最終結果だけを示します。

図7.12●指定順を逆にした結果

画像を変更して実行した例も示します。

 +  =

図7.13●画像を変更して実行した例

7.2
二つの画像を減算

二つの画像を減算するプログラムを紹介します。

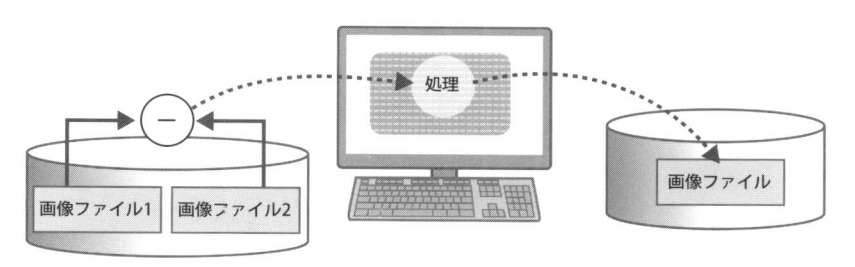

図7.14●処理概要

以降に、ソースリストを示します。加算のプログラムと同様の処理が多いため、異なる部分のソースリストのみを示します。

リスト7.6●ソースリストの一部（absdiff.py）

```
        ⋮
dst = cv2.absdiff(img1, img2)
cv2.imwrite('c:/temp/absdiff.jpg', dst)
cv2.imshow('dst1', dst)

height = img1.shape[0]
width = img1.shape[1]
blue = np.zeros((height, width, 3), np.uint8)
blue[:,:] = [128, 0, 0]

dst = cv2.absdiff(img1, blue)
cv2.imwrite('c:/temp/absdiffScalar.jpg', dst)
cv2.imshow('dst2', dst)

cv2.waitKey(0)
cv2.destroyAllWindows()
        ⋮
```

　本プログラムは、cv2.absdiff 関数を使用し、二つの画像を減算します。二つの画像サイズが異なる場合、エラーとなるので注意してください。一つ目の cv2.absdiff 関数は二つの画像の減算を行い、二つ目は一つの画像とスカラー値の減算を行います。このため、スカラーで指定された色が減色された画像が得られます。本プログラムでは、スカラー値に [128, 0, 0] を使用します。

　以降に、入力画像と実行結果を示します。上段が二つの入力画像、下段が実行結果です。

図7.15●実行結果

7.3
二つの画像をブレンド

　二つの画像をブレンドするプログラムを紹介します。ここでは、ブレンドは重みをつけて加算することを表します。以降に、ソースリストの一部を示します。

リスト7.7●ソースリストの一部（blend.py）

```
        ⋮
dst = cv2.addWeighted(img1, 0.3, img2, 0.7, 0.0)
cv2.imwrite('c:/temp/blend0307.jpg', dst)
cv2.imshow('dst1', dst)

dst = cv2.addWeighted(img1, 0.6, img2, 0.4, 0.0)
cv2.imwrite('c:/temp/blend0604.jpg', dst)
cv2.imshow('dst2', dst)

cv2.waitKey(0)
cv2.destroyAllWindows()
        ⋮
```

　本プログラムは、cv2.addWeighted 関数を使用し、二つの画像をブレンドします。cv2.addWeighted 関数の一つ目は重みに 0.3 と 0.7、二つ目は重みに 0.6 と 0.4 を指定します。以降に、入力画像と実行結果を示します。

図7.16●実行結果

7.4
二つの画像の論理和

二つの画像の論理和を求めるプログラムを紹介します。以降に、ソースリストの一部を示します。

リスト7.8●ソースリストの一部（or.py）

```
    ⋮
dst = cv2.bitwise_or(img1, img2)
cv2.imwrite('c:/temp/or.jpg', dst)
cv2.imshow('dst1', dst)

img_mask = cv2.imread('c:/temp/mask.bmp', cv2.IMREAD_GRAYSCALE)
dst = cv2.bitwise_or(img1, img2, img1, img_mask)
cv2.imwrite('c:/temp/orMask.jpg', dst)
cv2.imshow('dst2', dst)

cv2.waitKey(0)
cv2.destroyAllWindows()
    ⋮
```

　本プログラムは、cv2.bitwise_or 関数を使用し、二つの画像の論理和を求めます。一つ目の cv2.bitwise_or 関数は単純に二つの画像の論理和を求めています。まず、その結果を示します。

図7.17●実行結果

　次にマスクを使用した例を示します。直前の論理和ではマスクを使用せず、画像すべての領域の論理和を求めています。既に、他の画像処理でマスクを使うプログラムを紹介しました。その例では、プログラム内でマスクを生成していました。本プログラムは、マスクはあらかじめ画像として保存しておき、その画像を読み込んで使用します。このようにするとマスクの形状を細かく制御できます。マスクの値が 0 の部分（黒い部分）は、論理和の対象となりません。

　以降に、入力画像と実行結果を示します。下の 2 つが入力画像、次ページの左側がマスク画像、右側が実行結果です。

図7.18●実行結果

7.5
関数の説明

■ add（cv2）

二つの入力配列（画像）の各要素、あるいはスカラー値を加算します。

形式

cv2.add(src1, src2[, dst[, mask[, dtype]]]) → dst

引数

numpy.ndarray **src1**　一番目の入力配列（画像）、あるいはスカラー値です。

numpy.ndarray **src2**　二番目の入力配列（画像）、あるいはスカラー値です。

numpy.ndarray **dst** = None

出力配列（画像）です。入力配列（画像）と同じサイズで同じチャンネル数です。

numpy.ndarray **mask** = None

マスク配列（画像）です。

int **dtype** = –1　出力配列の dtype を決定する値です。–1 の場合は入力配列（画像）と同じ dtype となります。指定する値は以下の表を参照してくだ

さい。

表7.1●指定する値と出力配列（画像）のデータ型（dst.dtype）の対応

指定する値	dst.dtype
cv2.CV_8S	int8
cv2.CV_8U	uint8
cv2.CV_16S	int16
cv2.CV_16U	uint16
cv2.CV_32S	int32
cv2.CV_32F	float32
cv2.CV_64F	float64

詳細は OpenCV のドキュメントを参照してください。

戻り値

numpy.ndarray **dst**　　出力配列（画像）です。入力配列（画像）と同じサイズで同じチャンネル数です。

説明

　入力配列（画像）と出力配列（画像）は異なる dtype で構いません。例えば、符号無し16 ビット整数と符号付き 8 ビット整数を加算し、32 ビット浮動小数点に格納できます。詳細は OpenCV のドキュメントを参照してください。

※出力配列（画像）の dtype が int32 の場合、飽和処理は適用されません。オーバフローした場合、符号が誤って設定されます。

■ multiply（cv2）

二つの入力配列（画像）の各要素を乗算します。

形式

cv2.multiply(src1, src2[, dst[, scale[, dtype]]]) → dst

引数

numpy.ndarray **src1**　　一番目の入力配列（画像）です。

numpy.ndarray **src2**　　二番目の入力配列（画像）です。src1 と同じサイズで同じ型でなければなりません。

numpy.ndarray **dst** = None

　　　　　　　　出力配列（画像）です。src1 と同じサイズです。

float **scale** = 1	スケールファクタです。
int **dtype** = –1	出力配列（画像）の dtype です。–1 の場合は入力配列（画像）と同じ dtype です。詳細は p. 149 の表 7.1 や OpenCV のドキュメントを参照してください。

戻り値

numpy.ndarray **dst** 　出力配列（画像）です。src1 と同じサイズです。

説明

　二つの入力配列（画像）の各要素を乗算します。各要素の積ではなく、行列の積を求めたい場合は cv2.gemm 関数を使用してください。

※出力配列（画像）の dtype が int32 の場合、飽和処理は適用されません。オーバフローした場合、符号が誤って設定されます。

■ absdiff（cv2）···

二つの入力配列（画像）の各要素、あるいはスカラー値の絶対差分を計算します。

形式

cv2.absdiff(src1, src2[, dst]) → dst

引数

numpy.ndarray **src1** 　一番目の入力配列（画像）、あるいはスカラー値です。

numpy.ndarray **src2** 　二番目の入力配列（画像）、あるいはスカラー値です。

numpy.ndarray **dst** = None

　　　　　　　　　　出力配列（画像）です。入力配列（画像）と同じサイズで同じ型です。

戻り値

numpy.ndarray **dst** 　出力配列（画像）です。入力配列（画像）と同じサイズで同じ型です。

説明

　二つの配列（画像）の型とサイズが同じ場合、以下の式で処理されます。

```
dst(I) = saturate(| src1(I) - src2(I)|)
```

　片方がスカラー値の場合、以下の式で処理されます。最初の式は、src2 がスカラー値の場合、2 番目の式は src1 がスカラー値の場合です。

```
dst(I) = saturate(| src1(I) - src2|)
dst(I) = saturate(| src1 - src2(I)|)
```

上式の I が多次元の場合、各チャンネルは、それぞれ独立して処理されます。

※出力配列（画像）の dtype が int32 の場合、飽和処理は適用されません。オーバフローした場合、負の値を受け取ります。

■ addWeighted（cv2） ··

二つの入力配列（画像）の各要素を、それぞれ重みをつけて加算します。

形式

cv2.addWeighted(src1, alpha, src2, beta, gamma[, dst[, dtype]]) → dst

引数

numpy.ndarray **src1**　　一番目の入力配列（画像）です。

float **alpha**　　　　　　一番目の入力配列（画像）に対する重みです。

numpy.ndarray **src2**　　二番目の入力配列（画像）です。src1 と同じサイズで同じチャンネル数でなければなりません。

float **beta**　　　　　　　二番目の入力配列（画像）に対する重みです。

float **gamma**　　　　　　それぞれの和に加えられるスカラーです。

numpy.ndarray **dst** = None

　　　　　　　　　　　　出力配列（画像）です。src1 と同じサイズで同じチャンネル数です。

int **dtype** = –1　　　　出力配列の dtype です。–1 の場合は入力配列（画像）と同じ dtype です。詳細は p. 149 の表 7.1 や OpenCV のドキュメントを参照してください。

戻り値

numpy.ndarray **dst**　　出力配列（画像）です。src1 と同じサイズで同じチャンネル数です。

説明

本関数では、以下のように重み付けした加算が行われます。

```
dst(I)= saturate(src1(I)* alpha + src2(I)* beta + gamma)
```

上式の I が多次元の場合、各チャンネルは、それぞれ独立して処理されます。

※出力配列（画像）の dtype が int32 の場合、飽和処理は適用されません。オーバフローした場合、符号が誤って設定されます。

■ bitwise_or（cv2） ···

二つの入力配列（画像）の各要素、あるいはスカラー値の論理和を求めます。

形式

cv2.bitwise_or(src1, src2[, dst[, mask]]) → dst

引数

numpy.ndarray **src1** 　一番目の入力配列（画像）、あるいはスカラー値です。

numpy.ndarray **src2** 　二番目の入力配列（画像）、あるいはスカラー値です。

numpy.ndarray **dst** = None

出力配列（画像）です。入力配列（画像）と同じサイズで同じ型です。

numpy.ndarray **mask** = None

8 ビットシングルチャンネルのマスクです。対応する要素のみが変更されます。

戻り値

numpy.ndarray **dst** 　出力配列（画像）です。入力配列（画像）と同じサイズで同じ型です。

説明

二つの配列（画像）のサイズが同じ場合、以下の式で処理されます。

```
dst(I) = src1(I) ∨ src2(I) if mask(I) != 0
```

片方がスカラー値の場合、以下の式で処理されます。最初の式は、src2 がスカラー値の場合、2 番目の式は src1 がスカラー値の場合です。

```
dst(I) = src1(I) ∨ src2 if mask(I) != 0
dst(I) = src1 ∨ src2(I) if mask(I) != 0
```

上式のIが多次元の場合、各チャンネルは、それぞれ独立して処理されます。

動画処理

　パソコンに接続したカメラで映像を表示するプログラムなどを紹介します。これまでと違い、実行結果はファイルに保存せず、画面への表示のみ行います。

8.1
フレームサイズの表示

　接続されているカメラのフレームサイズを表示するプログラムを紹介します。以降に、ソースリストを示します。

リスト8.1●ソースリスト（get_frame_size.py）

```python
import cv2

try:
    capture = cv2.VideoCapture(0)
    width = capture.get(cv2.CAP_PROP_FRAME_WIDTH)
    height = capture.get(cv2.CAP_PROP_FRAME_HEIGHT)

    print('frame size = ' + str(width) + ' x ' + str(height))
except:
    import sys
    print("Error:", sys.exc_info()[0])
    print(sys.exc_info()[1])
    import traceback
    print(traceback.format_tb(sys.exc_info()[2]))
```

　本プログラムは、接続されているカメラで最初に見つかったカメラのフレームサイズを表示します。cv2.VideoCapture.get 関数に、cv2.CAP_PROP_FRAME_WIDTH と cv2.CAP_PROP_FRAME_HEIGHT を指定し、フレームの横サイズと縦サイズを取り出し、それを表示します。カメラ内臓のノートパソコンであれば、カメラを接続していなくても動作することがあります。

　以降に、実行結果を示します。まず、カメラが一台も接続されていないときの動作を示します。

```
frame size = 0 x 0
```

　次に、カメラが一台以上接続されているときの様子を示します。最初に見つかったカメラの

フレームサイズを表示します。

```
frame size = 640 x 480
```

カメラが認識されない場合

　cv2.VideoCapture コンストラクタでインスタンスを作成する際に、カメラが認識されない場合があります。ノートパソコン等の内臓インカメラは引数に 0 が割り当てられ、USB で接続したカメラは 1 以降が割り当てられているので、適切な数値を引数としてください。

　また、古いカメラでは認識されない場合があるので、なるべく古いものは避けてください。もし、エラーになる場合はカメラを変えるのも一つの解決策です。

8

8.2
動画表示

　パソコンに接続したカメラから映像を取り出し、画面に表示するプログラムを紹介します。カメラから取り込んだ映像は特に処理を行わず、単に表示するのみです。以降に、ソースリストを示します。

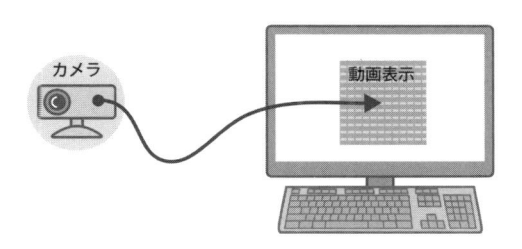

図8.1●動作概要

リスト8.2●ソースリスト（capture_basic.py）

```python
import cv2

try:
    capture = cv2.VideoCapture(0)

    while(True):
        ret, frame = capture.read()
        if ret == False:
            print('カメラから映像を取得できませんでした。')
            break

        cv2.imshow('f', frame)

        if cv2.waitKey(1) & 0xFF == ord('q'):
            break

    capture.release()
    cv2.destroyAllWindows()
except:
    import sys
    print("Error:", sys.exc_info()[0])
    print(sys.exc_info()[1])
    import traceback
    print(traceback.format_tb(sys.exc_info()[2]))
```

　本プログラムは、接続されているカメラから映像を取り出し、画面に表示します。まず、カメラから映像を得るために cv2.VideoCapture コンストラクタで capture を生成します。このとき、カメラが見つからない場合、capture は生成されますが、capture.read（cv2.VideoCapture.read）関数で返された ret が False、frame が None となります。カメラが見つかった場合は、while ループでカメラからの映像 frame をウィンドウに連続的に表示します。加えて、「q」を押下するとカメラ映像の表示を終了するユーザーインタフェースを用意します。「q」を押下すると if 文の条件が成立するため break により while ループを抜けます。while ループを抜けたら生成したインスタンスなどを破棄し、プログラムを終了させます。

　以降に、実行例を示します。

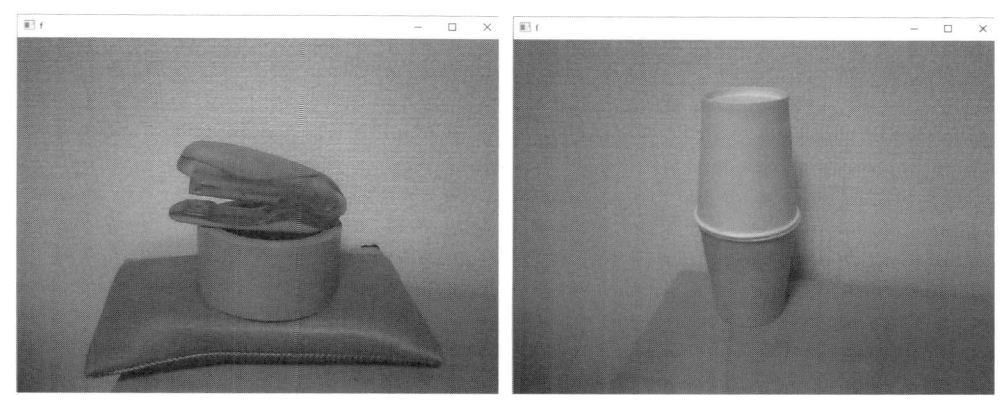

図8.2●実行例

8.3
グレイスケール

　カラーの動画をグレイスケールで表示するプログラムを開発します。ほとんど前節のプログラムと同様です。以降に、ソースリストを示します。

リスト8.3●ソースリスト（capture_grayscale.py）

```python
import cv2

try:
    capture = cv2.VideoCapture(0)
    while(True):
        ret, frame = capture.read()

        if ret == False:
            print('カメラから映像を取得できませんでした。')
            break

        gray = cv2.cvtColor(frame, cv2.COLOR_BGR2GRAY)
        cv2.imshow('f', gray)

        if cv2.waitKey(1) & 0xFF == ord('q'):
```

```
            break

    capture.release()
    cv2.destroyAllWindows()
except:
    import sys
    print("Error:", sys.exc_info()[0])
    print(sys.exc_info()[1])
    import traceback
    print(traceback.format_tb(sys.exc_info()[2]))
```

　本プログラムは、接続されているカメラからカラー映像を取り出し、グレイスケール変換して画面に表示します。

　while ループ内で capture.read 関数を使用し、カメラから 1 フレームを取り出します。この取り出したフレームを cv2.cvtColor 関数でグレイスケールへ変換した gray をウィンドウに連続的に表示します。

　以降に、実行例を示します。紙面では分からないでしょうが、カラー映像がグレイスケールに変換されて表示されます。

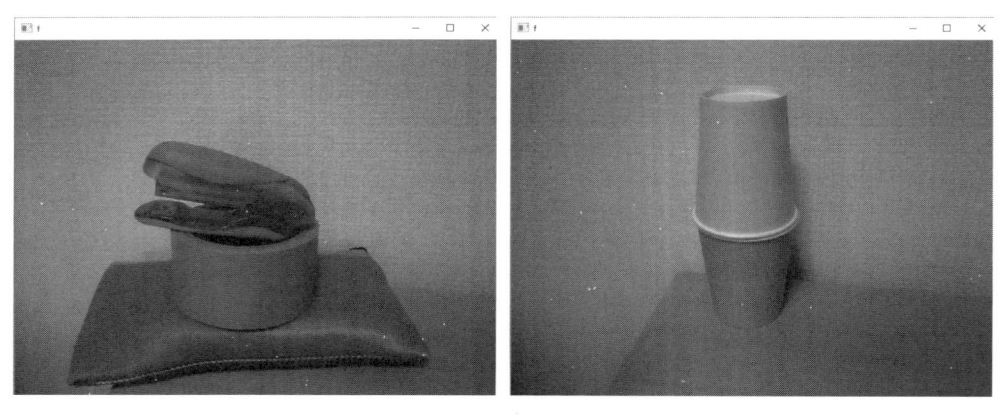

図8.3●実行例

8.4

輝度平滑化

　動画の輝度を平滑化するプログラムを紹介します。輝度が一部に偏っているとき、その部分を広げ、見やすくします。以降に、ソースリストを示します。

リスト8.4●ソースリスト（capture_equlize.py）

```python
import cv2

try:
    capture = cv2.VideoCapture(0)
    while(True):
        ret, frame = capture.read()

        if ret == False:
            print('カメラから映像を取得できませんでした。')
            break

        gray = cv2.cvtColor(frame, cv2.COLOR_BGR2GRAY)
        dst = cv2.equalizeHist(gray)
        cv2.imshow('f', dst)

        if cv2.waitKey(1) & 0xFF == ord('q'):
            break

    capture.release()
    cv2.destroyAllWindows()
except:
    import sys
    print("Error:", sys.exc_info()[0])
    print(sys.exc_info()[1])
    import traceback
    print(traceback.format_tb(sys.exc_info()[2]))
```

　本プログラムは、接続されているカメラからカラー映像を取り出し、cv2.equalizeHist 関数で輝度の平滑化を行い、画面に表示します。cv2.equalizeHist 関数へ与える入力映像は 8 ビッ

トシングルチャンネルでなければなりません。そのため、読み込んだ映像を cv2.cvtColor 関数でグレイスケールへ変換します。このグレイスケール映像を cv2.equalizeHist 関数へ与え、輝度平滑化を行います。輝度平滑化の詳細については 5.2 節「輝度平滑化」を参照してください。

以降に、実行例を示します。

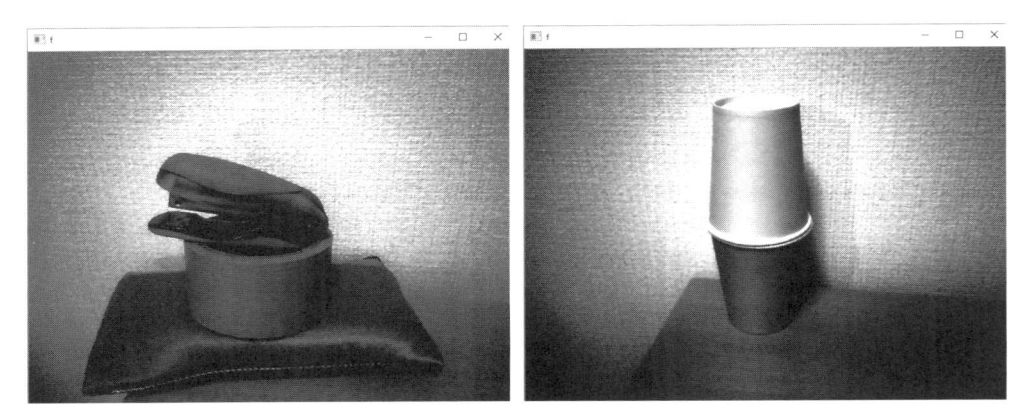

図8.4●実行例

8.5
Canny 処理

動画に対し、Canny フィルタを用いてエッジを検出するプログラムを紹介します。以降に、ソースリストを示します。

リスト8.5●ソースリスト（capture_canny.py）

```python
import cv2

try:
    capture = cv2.VideoCapture(0)
    while(True):
        ret, frame = capture.read()
        if ret == False:
```

```
            print('カメラから映像を取得できませんでした。')
            break
        dst = cv2.Canny(frame, 40.0, 200.0)
        cv2.imshow('f', dst)
        if cv2.waitKey(1) & 0xFF == ord('q'):
            break

    capture.release()
    cv2.destroyAllWindows()
except:
    import sys
    print("Error:", sys.exc_info()[0])
    print(sys.exc_info()[1])
    import traceback
    print(traceback.format_tb(sys.exc_info()[2]))
```

　本プログラムは、接続されているカメラからカラー映像を取り出し、cv2.Canny 関数で映像のエッジ検出を行います。エッジの検出は、cv2.Canny 関数に与える二つの閾値で決まります。Canny 処理の詳細については 6.7 節「Canny 処理」を参照してください。

　以降に、実行例を示します。

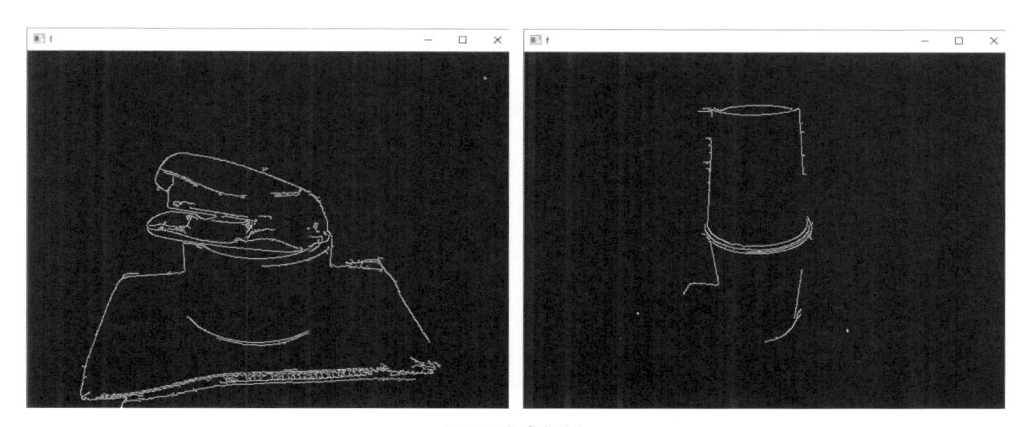

図8.5●実行例

　黒の背景に白のエッジでは見難い場合もありますので、背景色とエッジの色を逆にした例も示します。以降に、ソースリストの一部を示します。

リスト8.6●ソースリストの一部（capture_canny_inv.py）

```
     ⋮
    dst = cv2.Canny(frame, 40.0, 200.0)
    dst = cv2.bitwise_not(dst)
    cv2.imshow('f', dst)
     ⋮
```

　先ほどのプログラムと異なる点は cv2.bitwise_not 関数で、各ビット値を反転しているだけです。実行例を次に示します。

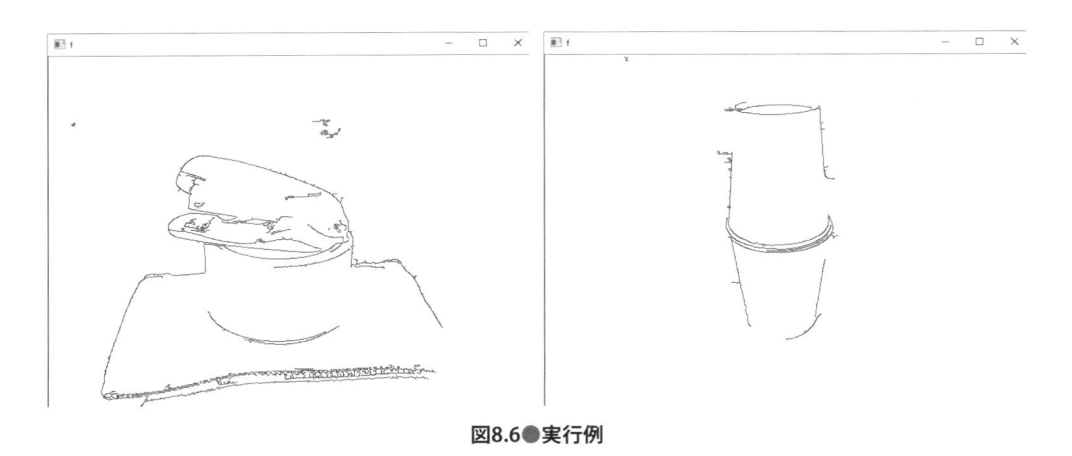

図8.6●実行例

8.6
シャッフル

　これまでは動画へリアルタイムで色の処理やフィルタ処理を行うプログラムを紹介しました。これからは動画にアフィン変換を行うプログラムを紹介します。最初に、入力動画をシャッフルするプログラムを紹介します。以降に、ソースリストを示します。

リスト8.7●ソースリスト（shuffle.py）

```python
import cv2
import numpy as np

try:
    capture = cv2.VideoCapture(0)
    height = int(capture.get(cv2.CAP_PROP_FRAME_HEIGHT))
    width = int(capture.get(cv2.CAP_PROP_FRAME_WIDTH))
    roi_target = [0, 1, 2, 3]
    counter = 60

    while(True):
        ret, frame = capture.read()
        if ret == False:
            print('カメラから映像を取得できませんでした。')
            break
        dst = np.zeros((height, width, 3), np.uint8)

        y1 = [0, height//2, height//2, 0]
        y2 = [height//2, height, height, height//2]
        x1 = [0, 0, width//2, width//2]
        x2 = [width//2, width//2, width, width]

        for i in range(0, 4):
            dst[y1[i]:y2[i], x1[i]:x2[i]] = ¥
                    frame[y1[roi_target[i]]:y2[roi_target[i]],
                        x1[roi_target[i]]:x2[roi_target[i]]]

        counter -= 1
        if counter <= 0:
            counter = 60
```

```
            for i in range(0, 4):
                roi_target[i] += 1
                if roi_target[i] == 4:
                    roi_target[i] = 0

        cv2.imshow('f', dst)
        if cv2.waitKey(1) & 0xFF == ord('q'):
            break

    capture.release()
    cv2.destroyAllWindows()
except:
    import sys
    print("Error:", sys.exc_info()[0])
    print(sys.exc_info()[1])
    import traceback
    print(traceback.format_tb(sys.exc_info()[2]))
```

　本プログラムは、カメラから取り出した映像を、四つの領域に分割しシャッフルします。フレームを四つに分割し、それぞれの座標をリスト x1、x2、y1、y2（以下 roi と呼ぶ）へ設定します。以降に、frame[y1[i]:y2[i], x1[i]:x2[i]] の i = 0, 1, 2, 3 が管理する座標を図で示します。

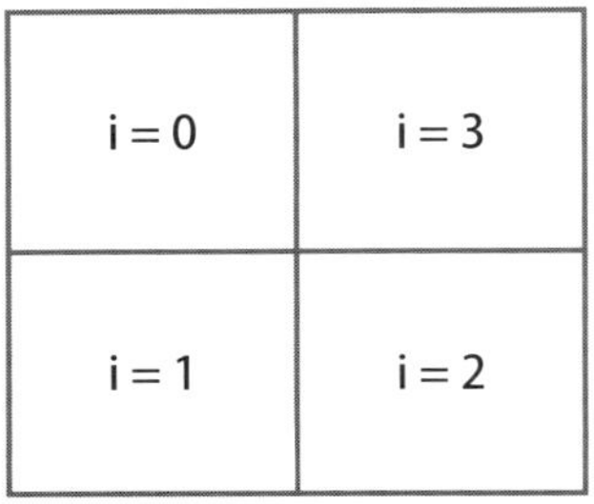

図8.7●roiの各要素が管理する座標

　映像をシャッフルするには roi を与えたリストを生成し、それぞれ処理します。しかし、シャッフルのたびに roi の範囲が何処にあるか判断するのは煩雑です。そこで、roi が保持する座標は固定とします。代わりに roi を参照する int 型のリスト roi_target を定義します。この roi_target は、どの roi を使用するかを決めるインデックスを保持します。

　それでは、映像をシャッフルする処理の説明に移ります。一フレーム毎に roi_target が指示

する位置に入力映像をコピーします。roi_target が保持する値は 60 フレーム単位で入れ替えます。この値を、roi のインデックスに指定し、画像をシャッフルします。少し分かり難いですが、roi の値を変更するのではなく、roi の要素を指す roi_target の内容を入れ替えることによって、roi の範囲を決定します。こちらの方が、コードをコンパクトにすることができます。roi_target の値の変遷を以下に示します。

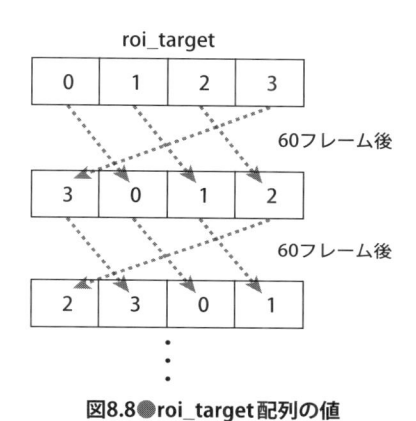

図8.8●roi_target配列の値

　roi_target が保持するインデックスは 0 ～ 3 です。これを 60 フレームごとに循環させ、roi[roi_target[]] を指定することによって、roi にアクセスします。この roi[] と roi_target[] を使用して映像をシャッフルする様子を図で示します。

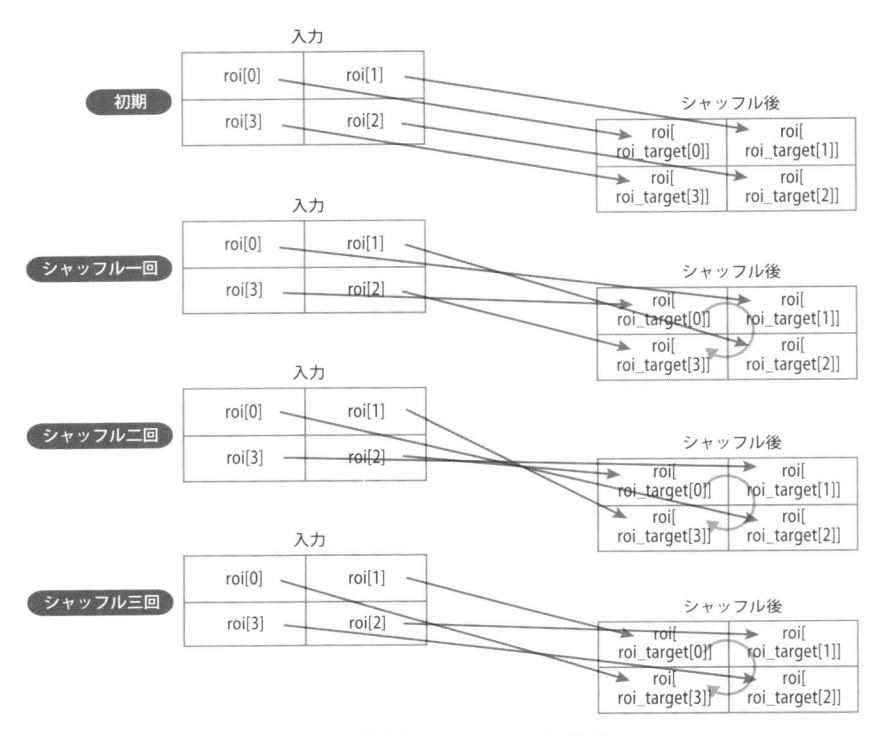

図8.9●映像をシャッフルする様子

以降に、実行例を示します。順次表示位置がシャッフルされます。

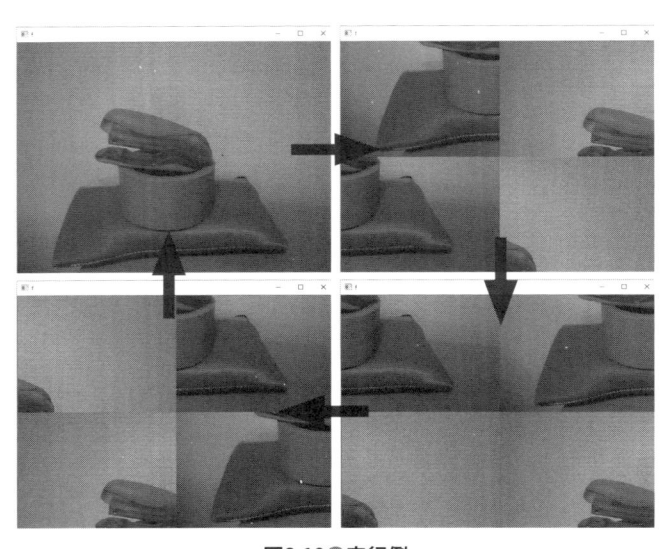

図8.10●実行例

8.7

回転

動画全体をリアルタイムに回転するプログラムを紹介します。以降に、ソースリストを示します。

リスト8.8●ソースリスト（rotate.py）

```python
import cv2

try:
    capture = cv2.VideoCapture(0)
    height = int(capture.get(cv2.CAP_PROP_FRAME_HEIGHT))
    width = int(capture.get(cv2.CAP_PROP_FRAME_WIDTH))
    center = (width//2, height//2)
    degree = 0.0

    while(True):
        ret, frame = capture.read()
        if ret == False:
            print('カメラから映像を取得できませんでした。')
            break
        affin_trans = cv2.getRotationMatrix2D(center, degree, 1.0)
        dst = cv2.warpAffine(frame, affin_trans, (width, height))
        degree += 1.0

        cv2.imshow('f', dst)
        if cv2.waitKey(1) & 0xFF == ord('q'):
            break

    capture.release()
    cv2.destroyAllWindows()
except:
    import sys
    print("Error:", sys.exc_info()[0])
    print(sys.exc_info()[1])
    import traceback
    print(traceback.format_tb(sys.exc_info()[2]))
```

　本プログラムは、カメラから取り出した映像をリアルタイムで反時計方向に回転します。回転角度は一フレーム単位で 1°ずつ増加させます。映像の回転そのものは、4.3 節「回転」と同じ方法を採用します。

　以降に、実行例を示します。時間軸を→で示します。

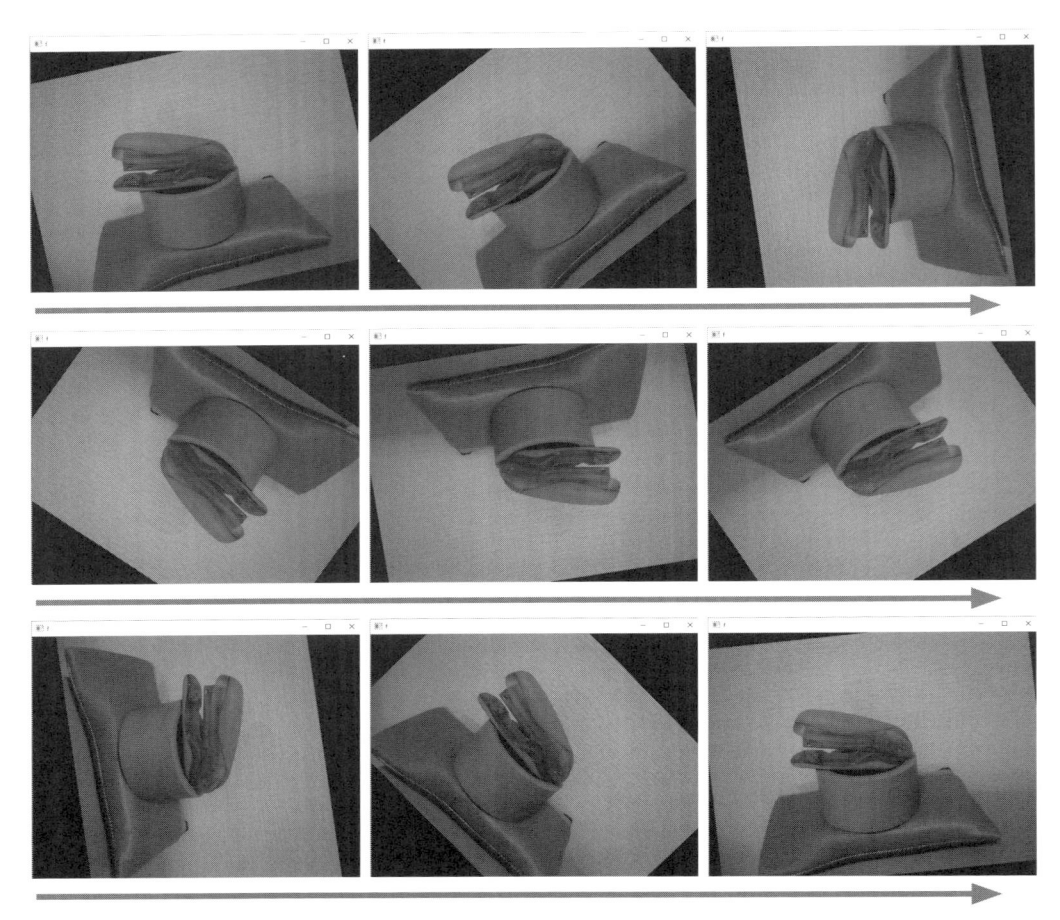

図8.11●実行例

8.8
一部回転

動画の一部をリアルタイムに回転するプログラムを紹介します。

図8.12●処理概要

以降に、ソースリストを示します。

リスト8.9●ソースリスト（rotate_part.py）

```python
import cv2

try:
    capture = cv2.VideoCapture(0)
    height = int(capture.get(cv2.CAP_PROP_FRAME_HEIGHT))
    width = int(capture.get(cv2.CAP_PROP_FRAME_WIDTH))
    center = (width//4, height//4)
    degree = 0.0
    roi = [width//4, height//4, (width*3)//4, (height*3)//4]

    while(True):
        ret, frame = capture.read()
        if ret == False:
            print('カメラから映像を取得できませんでした。')
            break
        frame_part = frame[roi[1]:roi[3], roi[0]:roi[2]]

        affin_trans = cv2.getRotationMatrix2D(center, degree, 1.0)
        dst = cv2.warpAffine(frame_part, affin_trans, (width//2, height//2),
                                                flags = cv2.INTER_CUBIC)

        degree += 1.0
```

```
        frame[roi[1]:roi[3], roi[0]:roi[2]] = dst

        cv2.imshow('f', frame)
        if cv2.waitKey(1) & 0xFF == ord('q'):
            break

    capture.release()
    cv2.destroyAllWindows()
except:
    import sys
    print("Error:", sys.exc_info()[0])
    print(sys.exc_info()[1])
    import traceback
    print(traceback.format_tb(sys.exc_info()[2]))
```

本プログラムは、カメラから取り出した動画の中心部をリアルタイムに回転します。前節のプログラムでは、全画面を回転しましたが、本プログラムでは、一部のみを回転します。

まず、center に回転の原点を指定します。次に、roi へ映像中央部の座標を設定します。while ループ内で、映像を読み込み、roi が保持する値で、frame_part へ roi を設定します。

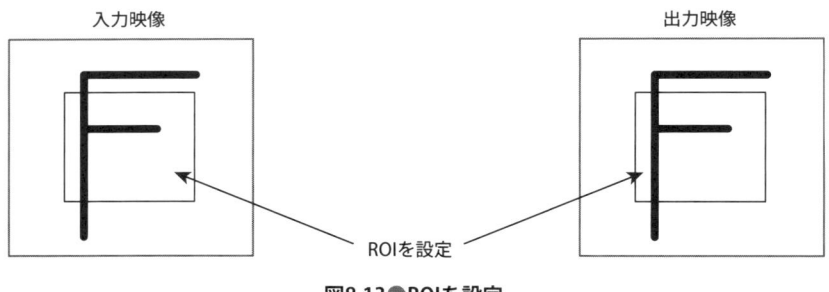

図8.13●ROIを設定

cv2.getRotationMatrix2D 関数で 2 次元回転のアフィン行列を計算し、これで得た行列を、cv2.warpAffine 関数に与え、映像の一部を回転します。cv2.warpAffine 関数の flags に cv2.INTER_CUBIC を指定したため、処理の負荷は高くなりますが回転後の動画の品質は向上します。

以降に、実行例を示します。時間軸を→で示します。

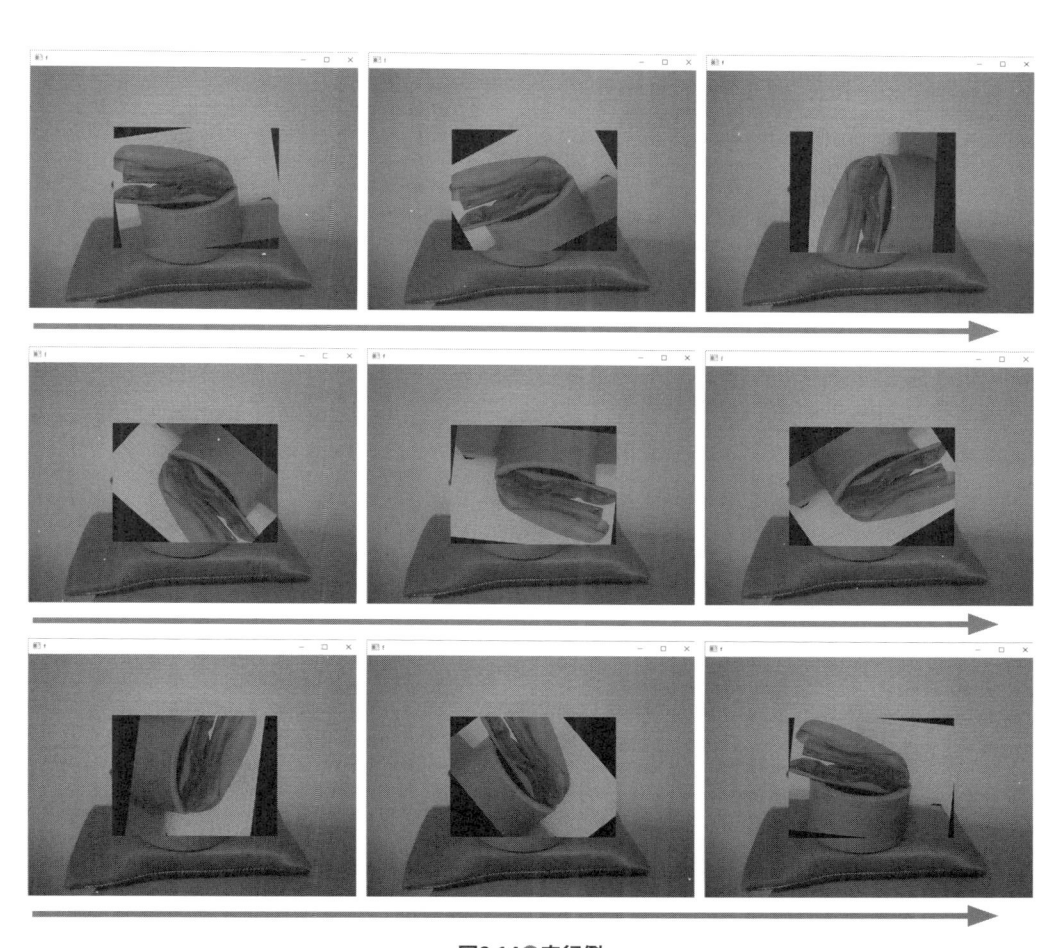

図8.14●実行例

8.9
関数の説明

■ VideoCapture（cv2）···

コンストラクタです。

形式

cv2.VideoCapture() → vobj

cv2.VideoCapture(index[, apiPreference]) → vobj

cv2.VideoCapture(filename[,apiPreference]) → vobj

引数

int **index**　　　　使用するカメラの番号です。カメラが一台しか接続されていない場合、0 を指定します。

string **filename**　動画ファイル、もしくは連続する画像ファイルです。

int **apiPreference** = cv2.CAP_ANY

使用する CaptureAPI です。デフォルト値である cv2.CAP_ANY を指定すると、自動的に適切な CaptureAPI を使用します。明示的に指定することも可能で、cv2.CAP_DSHOW を指定するとカメラ映像用の CaptureAPI、cv2.CAP_FFMPEG を指定すると動画ファイル用の CaptureAPI を使用します。詳細は OpenCV のドキュメントを参照してください。

戻り値

VideoCapture **vobj**　　VideoCapture オブジェクトです。

説明

　引数の存在しないコンストラクタで VideoCapture オブジェクトを生成した場合、カメラ画像を得る前に cv2.VideoCapture.open 関数でデバイスをオープンする必要があります。

■ get（VideoCapture） ···

VideoCapture の各種プロパティを取得します。

形式

cv2.VideoCapture.get(propId) → retval

引数

int **propId**　　　　取得したいプロパティの ID です。例えば、cv2.CAP_PROP_FRAME_
　　　　　　　　　WIDTH を指定するとフレームの幅が、cv2.CAP_PROP_FRAME_HEIGHT
　　　　　　　　　を指定するとフレームの高さを取得できます。

戻り値

float **retval**　　　取得したプロパティの値です。

■ release（VideoCapture） ···

キャプチャーデバイスを閉じます。

形式

cv2.VideoCapture.release() → None

■ isOpened（VideoCapture） ···

キャプチャーデバイスが初期化されている場合に True を返します。

形式

cv2.VideoCapture.isOpened() → retval

戻り値

bool **retval**　　　ビデオファイル、もしくはキャプチャした機器（カメラ等）の初期化状
　　　　　　　　態です（初期化されていたら True）。

説明

　VideoCapture コンストラクタが成功した場合、または VideoCapture オブジェクトの
open 関数が成功した場合は True が返されます。

■ read（VideoCapture） ···

次のフレームを取り込み、エンコードします。

形式

cv2.VideoCapture.read([image]) → retval, image

引数

numpy.ndarray **image** = None　　取得した配列（画像）です。

戻り値

bool **retval**　　　　　　次のフレームが取得可能か（映像が続いているか）を示す真偽値
です。

numpy.ndarray **image**　取得した配列（画像）です。

説明

本関数は、VideoCapture.grab 関数と VideoCapture.retrieve 関数を連続で呼んだ処理と同じです。grab 関数と retrieve 関数を使用しても構いませんが、特別な理由がない限り本関数を使用する方が簡単です。もし、次のフレームを取得できなかった場合、False を返し、引数には None が設定されます。

オブジェクト検出

オブジェクト検出を行うプログラムを紹介します。

9.1
コーナー検出

画像に含まれるコーナーを検出するプログラムを紹介します。以降に、ソースリストを示します。

リスト9.1●ソースリスト（detect_coners.py）

```python
import cv2

try:
    MAX_CORNERS = 50
    BLOCK_SIZE = 3
    QUALITY_LEVEL = 0.01
    MIN_DISTANCE = 20.0

    img = cv2.imread('c:/temp/input.jpg')

    if img is None:
        print ('ファイルを読み込めません。')
        import sys
        sys.exit()

    gray = cv2.cvtColor(img, cv2.COLOR_RGB2GRAY)
    corners = cv2.goodFeaturesToTrack(gray, MAX_CORNERS, QUALITY_LEVEL,
                MIN_DISTANCE, blockSize = BLOCK_SIZE, useHarrisDetector = False)

    for i in corners:
        x,y = i.ravel()
        cv2.circle(img, (x,y), 4, (255, 255, 0), 2)

    cv2.imwrite('c:/temp/corners.jpg', img)
    cv2.imshow('img', img)

    cv2.waitKey(0)
    cv2.destroyAllWindows()
except:
    import sys
    print("Error:", sys.exc_info()[0])
```

```
    print(sys.exc_info()[1])
    import traceback
    print(traceback.format_tb(sys.exc_info()[2]))
```

　本プログラムは、画像に含まれる強いコーナーを検出します。まず、cv2.cvtColor 関数で画像を RGB カラーからグレイスケールに変換します。cv2.goodFeaturesToTrack 関数を用いて、この画像の強いコーナーを検出します。この例では、上位 50 個のコーナーを検出します。詳細は章の末尾に記載されている関数の説明を参照してください。cv2.goodFeaturesToTrack 関数で検出したコーナーは corners へ格納されます。

　次に、cv2.circle 関数で検出したコーナー位置に円を描画します。for ループ内の i はリストなので、cv2.circle 関数の中心座標の引数（tuple）として使用するために、i.ravel(numpy.ndarray.ravel) 関数で x、y に要素を代入します。これを (x, y) で tuple として cv2.circle 関数へ与え、検出したコーナー位置に円を描画します。

　以降に、入力画像と実行結果を示します。

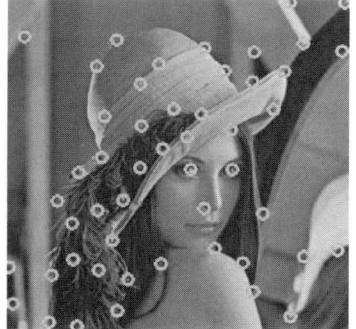

図9.1●入力画像と実行結果

　画像を変更した例も示します。

図9.2●入力画像と実行結果

9.2

顔検出

画像に含まれる顔を検出するプログラムを紹介します。以降に、ソースリストを示します。

リスト9.2●ソースリスト（srcs¥DetectObjects¥detect_objects.py）

```
import cv2

try:
    img = cv2.imread('c:/temp/Lenna.jpg')

    if img is None:
        print ('ファイルを読み込めません。')
```

```
        import sys
        sys.exit()

    cascade = cv2.CascadeClassifier(
        r'c:¥Users¥user¥Downloads¥haarcascade_frontalface_alt.xml')
    facerect = cascade.detectMultiScale(img)

    if len(facerect) > 0:
        for rect in facerect:
            cv2.rectangle(img, tuple(rect[0:2]), tuple(rect[0:2]+rect[2:4]),
                                                (0, 0,255), thickness=2)
    else:
        print('no face')

    cv2.imwrite('c:/temp/dobj.jpg', img)
    cv2.imshow('img', img)

    cv2.waitKey(0)
    cv2.destroyAllWindows()
except:
    import sys
    print("Error:", sys.exc_info()[0])
    print(sys.exc_info()[1])
    import traceback
    print(traceback.format_tb(sys.exc_info()[2]))
```

本プログラムは、画像に含まれる顔を検出します。顔検出などの、様々なオブジェクト検出に必要な学習ファイルは OpenCV に含まれています。本プログラムは OpenCV が用意した顔検出に必要な学習ファイルを使用します。オブジェクト検出用の学習ファイルのダウンロード方法を２つ紹介します。

　1つ目は、パッケージをダウンロードする方法です。OpenCV のダウンロードページ（https://opencv.org/releases.html）から OpenCV のパッケージをダウンロードし、OpenCV ダウンロードフォルダ以下の data¥haarcascades の学習ファイルを使用します。

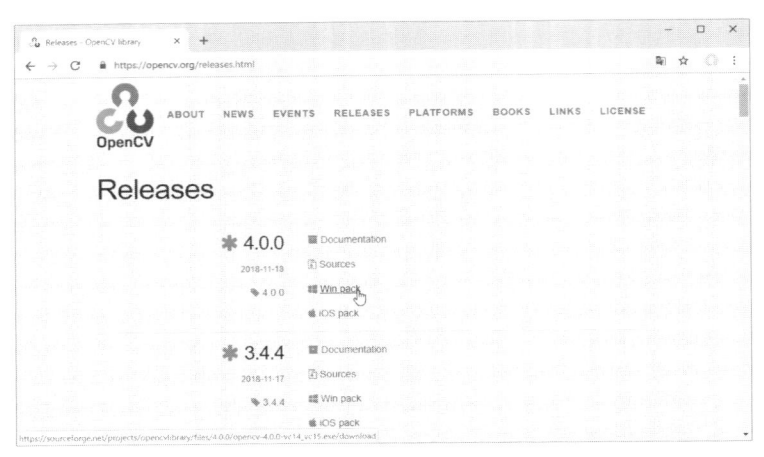

図9.3●OpenCVパッケージのダウンロード

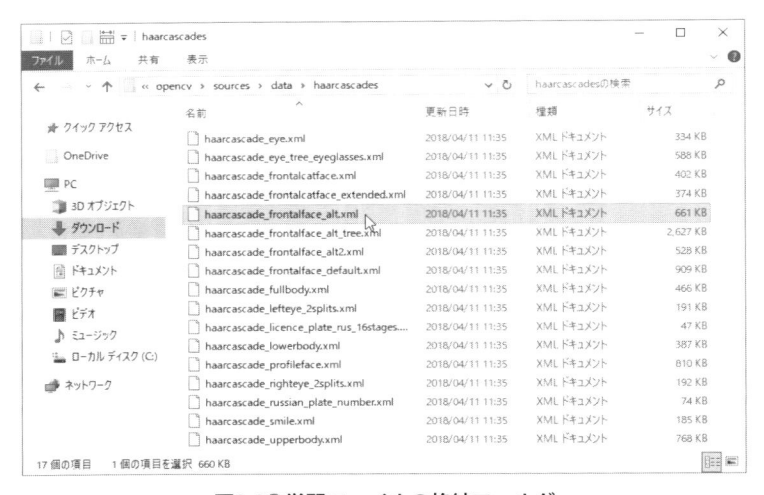

図9.4●学習ファイルの格納フォルダ

　2つ目は、学習ファイルのみをダウンロードする方法です。github からダウンロードします。git の環境を構築している人は clone 等で入手できますが、ここでは git の環境を構築していない方向けの手順を紹介します。OpenCV の github（https://github.com/opencv/opencv/tree/master/data/haarcascades）にアクセスし、「haarcascade_frontalface_alt.xml」をクリッ

クします。

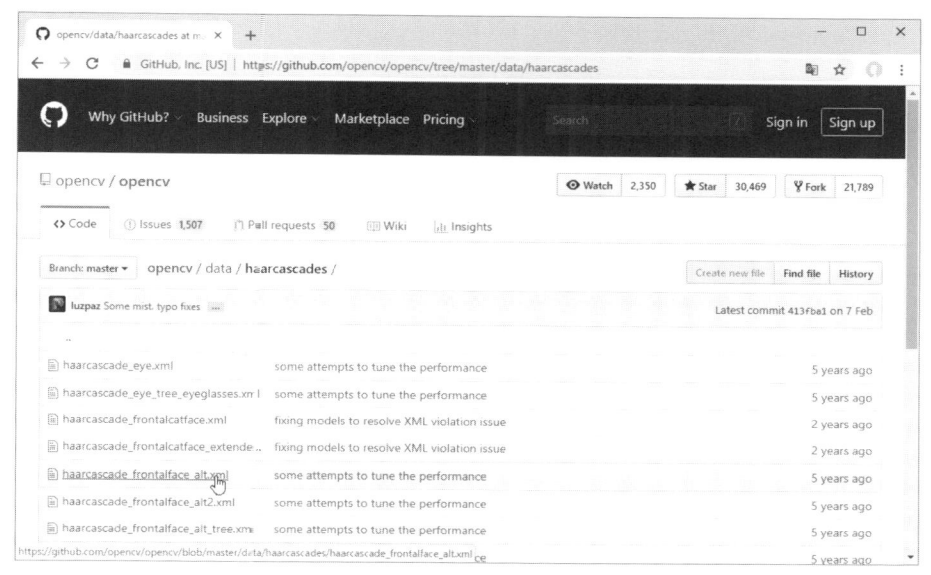

図9.5●OpenCVのgithub

「Raw」ボタンを右クリックし、「名前を付けてリンク先を保存」を押下して、学習ファイルをダウンロードします。

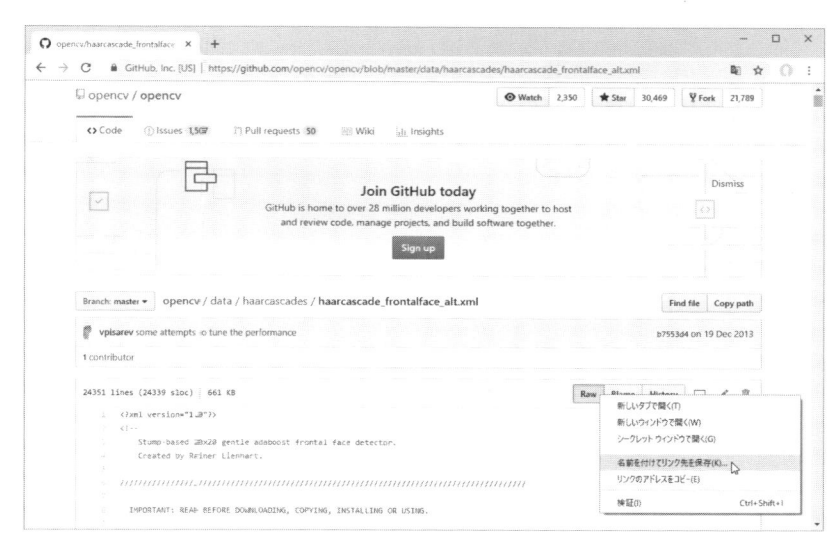

図9.6●OpenCVのgithub

　学習ファイルのダウンロード方法は上記で紹介したもの以外にもあるので、自身の環境に合わせてダウンロードしてください。

　プログラムを簡単に説明します。まず、入力画像を読み込み、次に OpenCV のオブジェクト検出用の学習ファイルを読み込みます。cv2.CascadeClassifier コンストラクタで生成した cascade が、その部分です。cascade.detectMultiScale（cv2.CascadeClassifier.detectMultiScale）関数に入力画像を渡し、渡された画像に含まれる顔を検出し、その位置を facerect に格納します。もし、顔が検出されないと len(facerect) が 0 以下になります。facerect を元に、cv2.rectangle 関数で顔を検出した位置に赤色の枠を描きます。

　以降に、入力画像と実行結果を示します。

図9.7●実行結果・その1

図9.8●実行結果・その2

図9.9●実行結果・その3

9.3
オブジェクト検出

　前節のプログラムは、画像に含まれる顔を検出しました。それは OpenCV の顔認識用の学習ファイルを使用したためです。OpenCV は様々なオブジェクトを検出する学習ファイルを用意しています。それらを使用すれば、様々なオブジェクトを検出できます。

　どのオブジェクトを検出するかは、cv2.CascadeClassifier の引数に指定するファイルで決定します。以降に、学習ファイルの指定部分を示します。

```
          ⋮
cascade = cv2.CascadeClassifier(
        r'c:\Users\user\Downloads\haarcascade_frontalface_alt.xml')
          ⋮
```

　上記の学習ファイルを、同じく OpenCV が用意した目を検出するためのものに変更した例を示します。

```
cascade = cv2.CascadeClassifier(
        r'c:\Users\user\Downloads\haarcascade_eye.xml')
```

　前節で、顔検出の学習ファイルのみをダウンロードした方は、目を検出するファイルをダウンロードしてください。

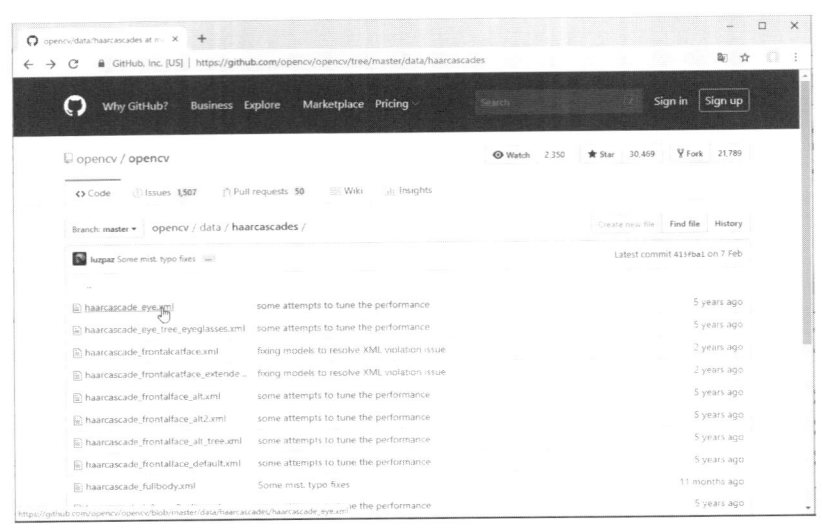

図9.10●目を検出する学習ファイルのダウンロード

以降に、入力画像と実行結果を示します。

図9.11●実行結果

　OpenCV は、多数の学習ファイルを用意しています。自身の目的にあった学習ファイルを使用すると良いでしょう。

9.4
動画の顔検出

　前節、前々節のプログラムを動画に応用したプログラムを紹介します。カメラから取り込んだ映像に含まれるオブジェクトを検出し、それを表示します。以降に、ソースリストを示します。

リスト9.3●ソースリスト（detect_objects_camera.py）

```python
import cv2

try:
    capture = cv2.VideoCapture(0)
    cascade = cv2.CascadeClassifier(
        r'c:\Users\user\Downloads\haarcascade_frontalface_alt.xml')

    while(True):
        ret, frame = capture.read()
        if ret == False:
            print('カメラから映像を取得できませんでした.')
            continue
        facerect = cascade.detectMultiScale(frame)
        if len(facerect) > 0:
            for rect ir facerect:
                cv2.rectangle(frame, tuple(rect[0:2]),
                              tuple(rect[0:2]+rect[2:4]), (0, 0,255), thickness=2)
        cv2.imshow('f', frame)

        if cv2.waitKey(1) & 0xFF == ord('q'):
            break

    capture.release()
    cv2.destroyAllWindows()
except:
    import sys
    print("Error:", sys.exc_info()[0])
    print(sys.exc_info()[1])
    import traceback
    print(traceback.format_tb(sys.exc_info()[2]))
```

9

　カメラから取り込んだ映像に含まれる顔を検出します。9.2 節「顔検出」のプログラム同様、OpenCV が用意した顔認識に必要な学習ファイルを使用します。

　まず、cv2.CascadeClassifier コンストラクタの引数に、OpenCV が用意した顔認識に必要な学習ファイルを指定して、cascade を生成します。映像表示の while 文までは、第 8 章「動画処理」3 節「グレイスケール」とほぼ同様です。while ループでカメラから映像を連続で読み込み、顔認識した結果を表示します。まず、capture.read(cv2.VideoCapture.read) 関数でカメラから 1 フレームを取り出し、frame に格納します。cascade.detectMultiScale（cv2.CascadeClassifier.detectMultiScale）関数に frame を渡し、frame に含まれる顔を検出し、その位置を facerect に格納します。もし、顔が検出されない場合、len(facerect) が 0 以下になり、入力画像をそのまま呼び出し元へ返します。そうでなければ、frame に cv2.rectangle 関数で facerect の位置に赤色の枠を描き、cv2.imshow で表示します。

　以降に、実行例を示します。

図9.12●実行例

　カメラから得られた映像に含まれる顔を認識しています。カメラを移動しても、移動に追随して顔を認識します。適切なモデルが見つからなかったため、写真を印刷し、それをカメラの前で移動しています。写真を左右前後に移動しても、顔を明確に認識します。対象物を変更した例を示します。

図9.13●実行例・対象物変更

カメラを変更した例も示します。

図9.14●実行例・カメラを変更

　いずれも正確にオブジェクト（顔）を認識しています。動画の認識処理に、もたつくような感じはなくリアルタイムで処理できています。なお、画像認識の前に、画像の輝度平滑化を行うと、よりオブジェクト検出の精度が上がるようです。本プログラムでは、輝度平滑化は行わずに読み込んだフレームを使ってオブジェクト検出を行っています。以前の章で、輝度平滑化は説明済みですので、それらと組み合わせてみるのも良いでしょう。また、検出対象オブジェクトを変更し、別のパーツを検出するプログラムを開発してみるのも良いでしょう。

9.5
オブジェクト除去

　画像に含まれるオブジェクトを除去するプログラムを紹介します。以降に、ソースリストを示します。

リスト9.4●ソースリスト（eliminate_objects.py）

```python
import cv2

try:
    img = cv2.imread('c:/temp/input.jpg')
    msk = cv2.imread('c:/temp/mask.jpg', cv2.IMREAD_GRAYSCALE)

    if img is None or msk is None:
        print ('ファイルを読み込めません。')
        import sys
        sys.exit()

    dst = cv2.inpaint(img, msk, 1, cv2.INPAINT_TELEA)

    cv2.imwrite('c:/temp/dst.jpg', dst)
    cv2.imshow('dst', dst)

    cv2.waitKey(0)
    cv2.destroyAllWindows()
except:
    import sys
    print("Error:", sys.exc_info()[0])
    print(sys.exc_info()[1])
    import traceback
    print(traceback.format_tb(sys.exc_info()[2]))
```

　本プログラムは、入力画像内の除去したいオブジェクトに対するマスク画像を与え、画像に含まれるオブジェクトを除去します。オブジェクトの除去を行った領域は、除去したオブジェクトの近傍から補間します。本プログラムは、簡単にするため、前もって除去したいオブジェクトの範囲を示すマスク画像を予め用意しておきます。

　以降に、入力画像と実行結果を示します。左から入力画像、マスク、そしてプログラムが生成したオブジェクトが除去された画像です。

図9.15●入力画像、マスクと実行結果

　入力画像とオブジェクトが除去された部分を拡大して示します。

図9.16●入力画像とオブジェクト除去画像を拡大

9.6

ダメージ補修

前節のプログラムはマスク画像を予め用意していましたが、本プログラムは入力画像から
マスク画像を自動生成します。そのマスクを使用して、画像のノイズを除去します。以降に、
ソースリストを示します。

リスト9.5●ソースリスト（repare_dmg_img.py）

```python
import cv2
#import numpy as np

try:
    img = cv2.imread('c:/temp/input.jpg')

    if img is None:
        print ('ファイルを読み込めません。')
        import sys
        sys.exit()

    msk = cv2.cvtColor(img, cv2.COLOR_RGB2GRAY)
    ret, msk = cv2.threshold(msk, 240, 255, cv2.THRESH_BINARY)
    # マスク画像の保存
    #cv2.imwrite('c:/temp/msk.jpg', msk)
    #kernel = np.ones((3,3),np.uint8)
    #msk = cv2.dilate(msk, kernel)
    #cv2.imwrite('c:/temp/msk_dilated.jpg', msk)
    dst = img.copy()
    dst = cv2.inpaint(img, msk, 1, cv2.INPAINT_TELEA)

    cv2.imwrite('c:/temp/dst.jpg', dst)
    cv2.imshow('dst', dst)

    cv2.waitKey(0)
    cv2.destroyAllWindows()
except:
    import sys
    print("Error:", sys.exc_info()[0])
    print(sys.exc_info()[1])
```

```
import traceback
print(traceback.format_tb(sys.exc_info()[2]))
```

　本プログラムは、入力画像からマスク画像を自動生成し、オブジェクトを除去します。オブジェクトの除去を行った領域は、除去したオブジェクトの近傍から補間します。前節のプログラムと違い、本プログラムはマスク画像を自動生成します。

　この例ではノイズが輝度の高い値で加えられています。そこで、cv2.threshold 関数で、輝度が閾値を超えていたら 0 以外へ、閾値以下なら 0 へ設定します。今回は、閾値に 240 を採用し、閾値より大きい場合 255 へ、閾値以下の場合 0 へ設定します。これをマスク画像として使用します。オブジェクトの除去は cv2.inpaint 関数を利用します。この関数へ与えるマスク画像の 0 以外の部分が修復対象となります。以降に、入力画像と実行結果を示します。

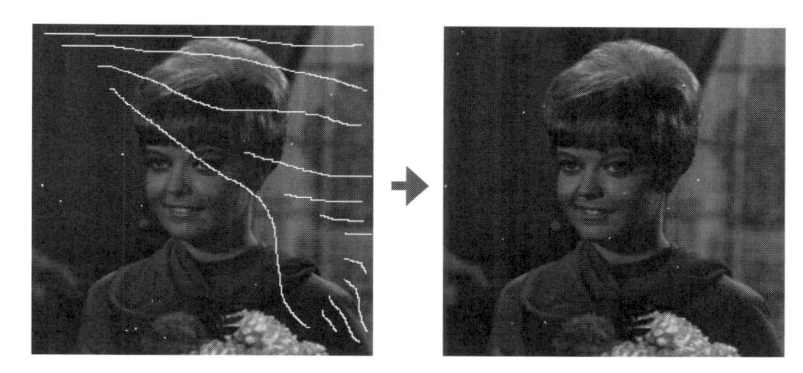

図9.17●入力画像と実行結果

　プログラムが自動生成したマスク画像と修復の様子を以降に示します。マスク画像は、以降に示す cv2.imwrite 関数の部分を追加するとファイルとして保存できます。

```
        ⋮
msk = cv2.cvtColor(img, cv2.COLOR_RGB2GRAY)
ret, msk = cv2.threshold(msk, 240, 255, cv2.THRESH_BINARY)
cv2.imwrite('c:/temp/msk.jpg', msk)
dst = img.copy()
dst = cv2.inpaint(img, msk, 1, cv2.INPAINT_TELEA)
        ⋮
```

　なお、マスク画像は 0 と 0 以外の値で構成されるため、cv2.threshold 関数の第 3 引数（閾

値より大きい値の場合に設定する値）に小さな値を指定した場合、マスク画像を観察しても修復対象画素が何処であるか判別できない場合があります。

以降にノイズの乗った入力画像、マスク画像、そして修復が完了した画像を示します。きれいに修復されています。

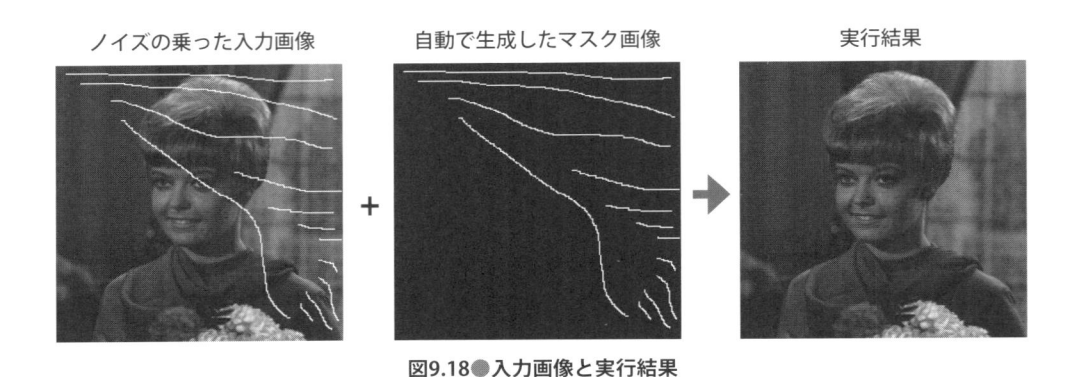

ノイズの乗った入力画像 　　　自動で生成したマスク画像 　　　実行結果

図9.18●入力画像と実行結果

cv2.threshold 関数の処理のみでマスク画像を生成した場合、閾値処理によって検出した画素のみが修復されます。ノイズが不規則な場合や修復がうまくいかない場合は、cv2.dilate 関数をマスク画像へ使用して修復対象領域を広げるのも効果的な方法です。以降に、その処理を追加したソースコードを示します。

```
          ⋮
msk = cv2.cvtColor(img, cv2.COLOR_RGB2GRAY)
ret, msk = cv2.threshold(msk, 240, 255, cv2.THRESH_BINARY)
cv2.imwrite('c:/temp/msk.jpg', msk)
kernel = np.ones((3,3),np.uint8)
msk = cv2.dilate(msk, kernel)
cv2.imwrite('c:/temp/msk_dilated.jpg', msk)
dst = img.copy()
dst = cv2.inpaint(img, msk, 1, cv2.INPAINT_TELEA)
          ⋮
```

先ほどのプログラムと、ここで紹介したプログラムの生成したマスク画像を示します。cv2.dilate 関数で処理したマスク画像の方が、元のマスク画像より修復対象領域が広くなっていることがわかります。

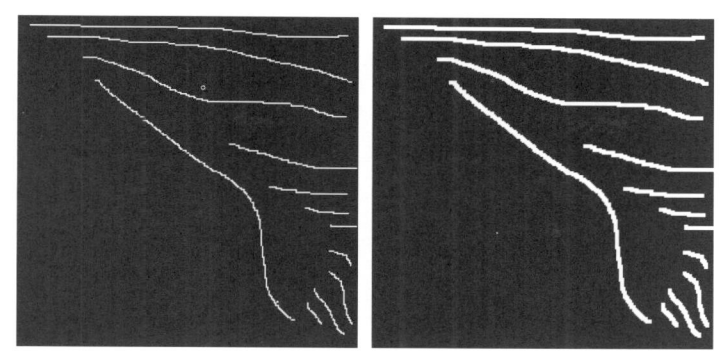

図9.19●マスク画像の比較

以降に、画像を変更して実行した結果を示します。

図9.20●入力画像と実行結果

大きな画像なので、一部を拡大して示します。

図9.21●元の画像と実行結果画像を拡大

　綺麗に画像が修復されています。ただ、ノイズが輝度の高い値で入っているとは限りません。そのため、画像やノイズの傾向によって、cv2.equalizeHist 関数や cv2.normalize 関数を使用する、あるいは cv2.threshold 関数や cv2.inpaint 関数のパラメータを調整するなどを行うと良いでしょう。

9.7
テンプレートマッチング

　大きな画像内に存在する画像断片を検索するプログラムを紹介します。cv2.matchTemplate 関数を使用すると高速で画像を検索できます。以降に処理の概要を示します。

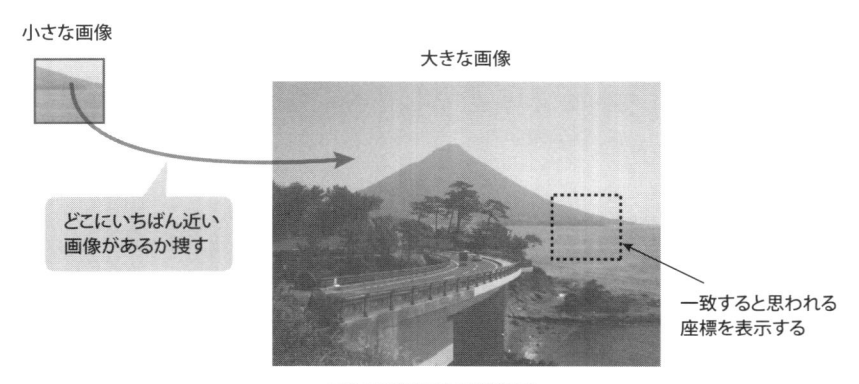

図9.22●処理の概念図

以降に、ソースリストを示します。

リスト9.6●ソースリスト（match_template.py）

```python
import cv2

try:
    img = cv2.imread('c:/temp/input.jpg')
    templ = cv2.imread('c:/temp/template.jpg')

    if img is None or templ is None:
        print ('ファイルを読み込めません。')
        import sys
        sys.exit()

    result = cv2.matchTemplate(img, templ, cv2.TM_CCOEFF_NORMED)
    mmr = cv2.minMaxLoc(result)
    pos = mmr[3]

    dst = img.copy()
    cv2.rectangle(dst, pos, (pos[0] + templ.shape[1], pos[1] + templ.shape[0]),
                 (0, 0, 255), 2)

    cv2.imwrite('c:/temp/dst_match.jpg', dst)
    cv2.imshow('dst', dst)

    cv2.waitKey(0)
    cv2.destroyAllWindows()
except:
    import sys
    print("Error:", sys.exc_info()[0])
    print(sys.exc_info()[1])
    import traceback
    print(traceback.format_tb(sys.exc_info()[2]))
```

本プログラムは、大きな画像内に存在する画像断片を検索します。二つの画像ファイルを必要とし、最初の画像が検索対象となる大きな画像で、二つ目の画像が大きな画像に含まれると思われるテンプレート画像です。

検索を行う cv2.matchTemplate 関数は結果を 32 ビットの浮動小数点の numpy.ndarray で

返します。この numpy.ndarray のサイズは、大きな画像のサイズを (W, H) とし、テンプレート画像のサイズを (w, h) とした場合、(W − w + 1, H − h + 1) です。画像ファイルの返却される numpy.ndarray のサイズの関係を次の図に示します。

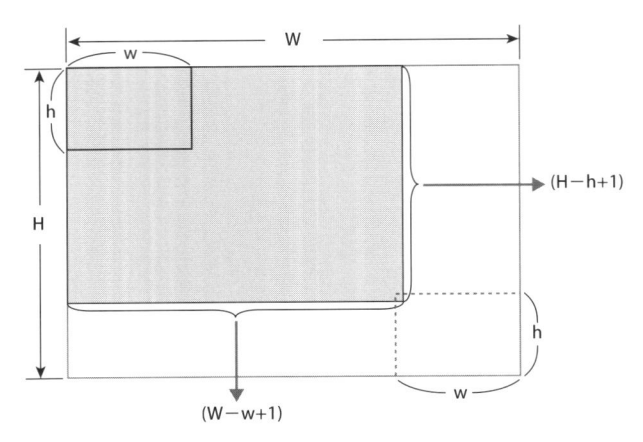

図9.23●画像ファイルの返却される numpy.ndarray のサイズの関係

先ほどの二つの画像を指定して cv2.matchTemplate 関数を呼び出します。cv2.match Template 関数の第 3 引数に与えるパラメータによって実行結果が異なります。本プログラムでは、cv2.TM_CCOEFF_NORMED を与え、正規化相互相関演算を行い、結果を result に格納します。result の中で最大値を持つ位置が、最もテンプレート画像がマッチした位置なので、最大値を持つ位置を抽出します。for 文を使ってすべての要素を検査し、該当する位置を探しても構いませんが、OpenCV には便利な関数が用意されています。cv2.minMaxLoc 関数に cv2.matchTemplate 関数が返した result を与えると、最大値の値と位置、そして最小値の値と位置が格納された tuple を取得できます。ここでは、cv2.matchTemplate 関数に cv2.TM_CCOEFF_NORMED を与えたため、最大値を持つ座標を pos に格納します。この値を使用し、検索対象の大きな画像の検索結果位置に赤色の枠を描きます。

以降に、入力画像と実行結果を示します。問題なく座標を検出しています。左側から検索される画像、テンプレート画像、そして結果の画像です。正確に検出していることがわかります。なお、縮尺比率は見やすくするため統一していません。統一すると、テンプレート画像は小さくなります。

図9.24●入力画像、テンプレート画像、結果画像

　ついでに cv2.matchTemplate 関数が返した result を視覚化してみます。色が黒に近いほど、テンプレート画像がある可能性の高い位置を示します。

図9.25●matchTemplate関数の返却値を視覚化

　テンプレート画像の輝度変更やガンマ補正、ポスタライズそしてエッジ強調を行ったものを試しましたが正確に位置を検出できます。例として、モザイク処理した画像を検索した例を示します。

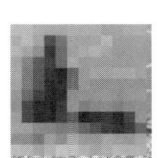

図9.26●モザイク処理したテンプレート画像、結果画像

　ついでにテンプレート画像に落書きを加えたものを使ってみます。落書きをノイズに見立てます。落書きの量が多いためか、若干検出位置がずれましたが、それでも十分な性能であることが分かります。

図9.27●落書きしたテンプレート画像、結果画像

9.8
特徴点検出

　特徴点検出を行うプログラムを紹介します。特徴量を計算するアルゴリズムは、SIFT、SURF、ORB、KAZE、AKAZE など多数あります。今回は、AKAZE を使用したプログラムを紹介します。

　AKAZE は、Accelerated-KAZE の略で、KAZE の高い認識精度を保ちつつ、処理に必要な時間を大幅に短縮しています。従来の SIFT や SURF には特許権が設定されており商用に難がありましたが、AKAZE は商用、非商用を問わず利用できるため、ライセンスの問題が軽減されます。以降に、ソースリストを示します。

リスト9.7●ソースリスト（akaze.py）

```
import cv2

try:
    src1 = cv2.imread('c:/temp/src1.jpg')
    src2 = cv2.imread('c:/temp/src2.jpg')
```

```
    if src1 is None or src2 is None:
        print ('ファイルを読み込めません。')
        import sys
        sys.exit()

    detector = cv2.AKAZE_create()
    keypoints1, descriptor1 = detector.detectAndCompute(src1, None)
    keypoints2, descriptor2 = detector.detectAndCompute(src2, None)

    matcher = cv2.BFMatcher(cv2.NORM_HAMMING)
    matches = matcher.match(descriptor1, descriptor2)
    dst = cv2.drawMatches(src1, keypoints1, src2, keypoints2, matches, None,
                                                        flags=2)

    cv2.imwrite('c:/temp/dst.jpg', dst)
    cv2.imshow('dst', dst)

    cv2.waitKey(0)
    cv2.destroyAllWindows()
except:
    import sys
    print("Error:", sys.exc_info()[0])
    print(sys.exc_info()[1])
    import traceback
    print(traceback.format_tb(sys.exc_info()[2]))
```

9

本プログラムは、2つの画像を読み込み、特徴点を検出します。そして、物体や人物の認識や移動経路の追跡を行います。特徴点抽出、特徴記述、特徴点のマッチングについては、多くの実装が行われています。また、それぞれを共通のインタフェースで使用できるように、様々なインタフェースが用意されています。共通インタフェースを使うと、異なる実装（アルゴリズム）でも同じ記述を使用できます。特徴点抽出は FeatureDetector インタフェース、特徴記述は DescriptorExtractor インタフェース、マッチングは DescriptorMatcher インタフェースが用意されています。本書も、この方法に則って記述します。

まず、cv2.AKAZE_create 関数で AKAZE のアルゴリズムを利用する detector を生成します。detector.detectAndCompute（cv2.AKAZE_create.detectAndCompute）関数で特徴点 keypoints1、keypoints2 と、画像のキーポイント集合に対するディスクリプタ descriptor1、descriptor2 を求めます。そして、cv2.BFMatcher 関数で NORM_HAMMING のマッチング

を利用する matcher を生成し、ディスクリプタの 2 つの集合同士を比較する matcher.match（cv2.BFMatcher.match）関数で、ディスクリプタのマッチ結果 matches を求めます。

　最後に、cv2.drawMatches 関数で、2 つの画像から得られるキーポイントのマッチするもの同士を出力画像に描画します。

　この特徴点抽出や特徴点マッチングの機能を有効利用して、いろいろな応用が考えられるでしょう。本プログラムは、ごく初歩を説明しているだけです。以降に、元画像と、回転した画像を入力画像に指定したときの実行結果を示します。

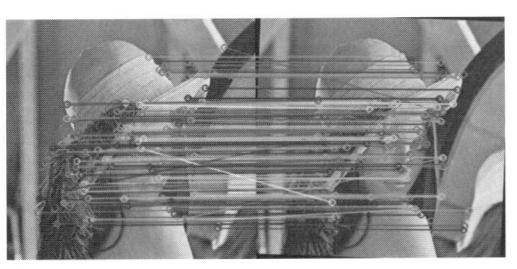

図9.28●二つの入力画像と実行結果

　画像を変更した例も示します。

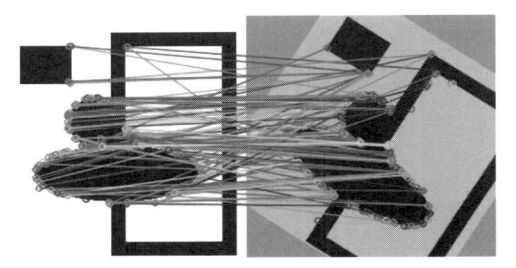

図9.29●二つの入力画像と実行結果

　特徴点抽出、特徴記述、特徴点のマッチングについては、たくさんの実装が行われています。ここでは AKAZE を使用しましたが、特徴量を計算するアルゴリズムを変更したい場合は、以下を変更してください。

```
    ⋮
detector = cv2.AKAZE_create()
    ⋮
```

　例えば、ORB にしたければ次のように AKAZE の部分を ORB に変更するだけです。

```
    ⋮
detector = cv2.ORB_create()
    ⋮
```

　以降に、ORB を使用した実行例を示します。入力に元画像と、微妙に回転した画像、そして大きく傾けた画像を指定したときの実行例を示します。

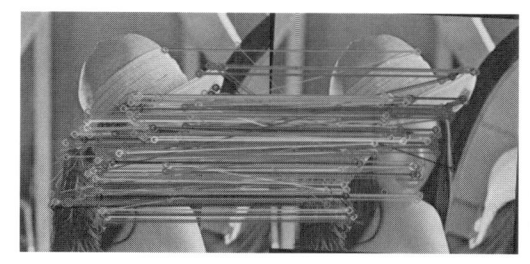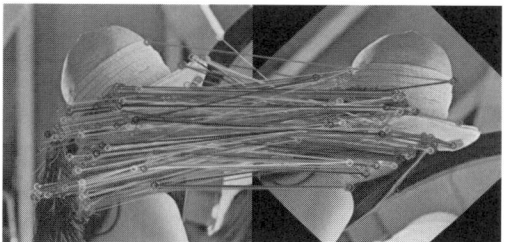

図9.30●ORBの実行結果

　マッチングの実装を変更したい場合は、以下の部分を変更してください。

```
matcher = cv2.BFMatcher(cv2.NORM_HAMMING)
```

　このように、cv2.NORM_HAMMING が使われていますが、これを cv2.NORM_L2 に変更したければ、以下のように変更します。

```
matcher = cv2.BFMatcher(cv2.NORM_L2)
```

　特徴点抽出やマッチングなどには多数の実装がありますので、精度や速度を考慮して、自身の目的に合う実装を見つけるには試行錯誤が必要です。

　また、これまではマッチングを片方向にしか行っていません。これを、逆方向のマッチングも行って、一致するものだけを抽出すれば精度を向上させることができます。現在のマッチングのコードでは、次のように descriptor1 から descriptor2 のマッチングのみを行っています。

```
matcher = cv2.BFMatcher(cv2.NORM_HAMMING)
```

　それに対して逆方向のマッチングも行い、順方向、逆方向の双方のマッチングが一致したものだけを抽出するコードを次に示します。

```
matcher = cv2.BFMatcher(cv2.NORM_HAMMING, True)
```

以降に実行例を示します。

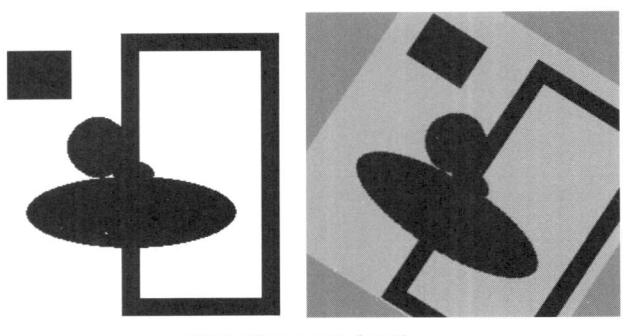

図9.31●二つの入力画像

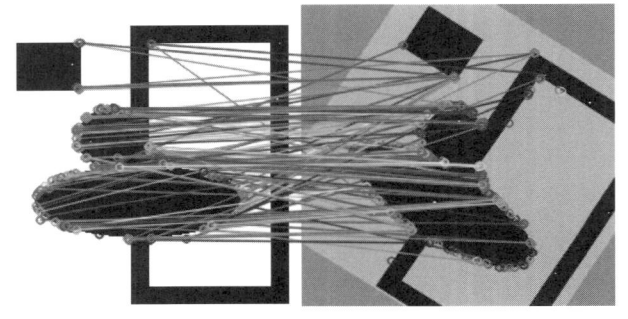

図9.32●片方向の実行結果

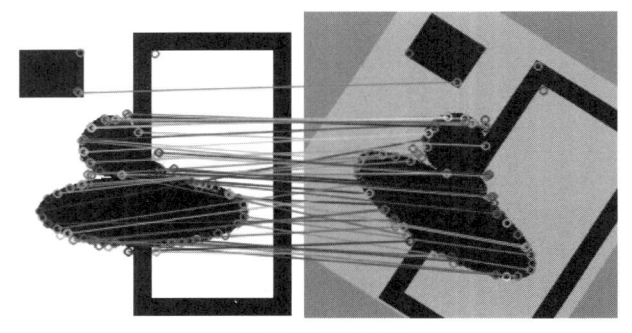

図9.33●両方向の実行結果

明らかに精度が向上していることが分かります。

9.9

関数の説明

■ goodFeaturesToTrack（cv2）・・・・・・・・・・・・・・・・・・・・・・・・・・・・・・・・・

強いコーナーを検出します。

形式

cv2.goodFeaturesToTrack(image, maxCorners, qualityLevel, minDistance
[, corners[, mask[, blockSize[, useHarrisDetector[, k]]]]]) → corners

引数

numpy.ndarray **image**	入力配列（画像）です。8 ビット、または浮動小数点型 32 ビットのシングルチャンネルです。
int **maxCorners**	出力されるコーナーの最大数です。この値より多くのコーナーが検出された場合、強いコーナーから格納されます。
float **qualityLevel**	許容される画像コーナーの最低品質です。詳細は OpenCV のドキュメントを参照してください。
float **minDistance**	出力されるコーナー間の最小ユークリッド距離です。詳細は OpenCV のドキュメントを参照してください。
numpy.ndarray **corners** = None	検出されたコーナーが出力される配列です。
numpy.ndarray **mask** = None	オプションの処理マスクです。8 ビットのシングルチャンネル画像で、image と同じサイズでなければなりません。
int **blockSize** = 3	ピクセル近傍領域における微分画像の平均化ブロックサイズです。詳細は OpenCV のドキュメントを参照してください。
bool **useHarrisDetector** = False	Harris 検出器、あるいは Shi-Tomasi 検出器のどちらを利用するかを指定するフラグです。
float **k** = 0.04	Harris 検出器のフリーパラメータです。

9

numpy.ndarray **corners** 　　検出されたコーナーが出力される配列です。

説明

　この関数は画像の最も強いコーナーを検出します。いくつかのステップでコーナーを検出します。詳細は OpenCV のドキュメントを参照してください。

■ detectMultiScale（cv2.CascadeClassifier） ······························

オブジェクトを検出します。検出された物体は、矩形のリストとして返されます。

形式

cv2.CascadeClassifier.detectMultiScale(image[, scaleFactor[, minNeighbors[, flags[, minSize[, maxSize]]]]]) → objects

引数

numpy.ndarray **image** 　　8 ビットの入力配列（画像）です。これに格納されている画像からオブジェクトを検出します。

float **scaleFactor** = 1.1 　　入力画像を縮小する割合です。

int **minNeighbors** = 3 　　検出するオブジェクトの近傍矩形の最低値です。

int **flags** = 0 　　処理方法を指定します。詳細は OpenCV のドキュメントを参照してください。

tuple **minSize** = (0, 0) 　　最小のオブジェクトのサイズです。値より小さいオブジェクトは無視されます。

tuple **maxSize** = (0, 0) 　　最大のオブジェクトのサイズです。値より大きいオブジェクトは無視されます。

戻り値

numpy.ndarray **objects** 　　オブジェクトを検出した位置の矩形の配列です。検出したオブジェクトの数だけ、以下の配列が格納されています。

[x, y, width, height]
　　int x 　　　　オブジェクト検出箇所の X 軸上座標です。
　　int y 　　　　オブジェクト検出箇所の Y 軸上座標です。
　　int width 　　オブジェクト検出箇所の幅です。
　　int height 　　オブジェクト検出箇所の高さです。

説明

　入力画像から異なるサイズのオブジェクトを検出します。検出された物体はリスト形式で返されます。

■ rectangle（cv2） ···

単純な四角形、あるいは塗り潰した四角形を描きます。

形式

cv2.rectangle(img, pt1, pt2, color[, thickness[, lineType[, shift]]]) → img

引数

numpy.ndarray **img**	四角形を描く入力配列（画像）です。
tuple **pt1**	四角形の頂点です。
tuple **pt2**	四角形の反対側の頂点です。
tuple もしくは list **color**	四角形の色です。
int **thickness** = 1	四角形を描く線の太さです。マイナスの値を指定した場合、四角形は塗り潰されます。
int **lineType** = cv2.LINE_8	線の種類です。

値	線の種類
cv2.LINE_8	8連結（デフォルト値）
cv2.LINE_4	4連結
cv2.LINE_AA	アンチエイリアス

int **shift** = 0	座標の小数点以下の桁を表すビット数です。

戻り値

numpy.ndarray **img**	出力配列（画像）です。入力配列（画像）と同じサイズで同じ型です。

説明

　与えられた二つの座標、pt1 と pt2 を使用し、四角形あるいは塗り潰した四角形を描きます。

■ inpaint（cv2）

指定された画像内の領域を近傍画像から修復します。

形式

cv2.inpaint(src, inpaintMask, inpaintRadius, flags[, dst]) → dst

引数

numpy.ndarray **src**　　入力配列（画像）です。8ビットでシングルチャンネルあるいは3
　　　　　　　　　　　　チャンネルです。

numpy.ndarray **inpaintMask**

　　　　　　　　　　　　8ビットでシングルチャンネルの修復マスク画像です。0以外のピ
　　　　　　　　　　　　クセルが修復対象です。

float **inpaintRadius**　　修復される点周りの円形の近傍領域の半径です。

int **flags**　　　　　　修復手法です。以下のいずれかです。

　　　　　　　　　　　　INPAINT_NS — ナビエ・ストークス（Navier-Stokes）ベースの手法。

　　　　　　　　　　　　INPAINT_TELEA — Alexandru Telea による手法。

numpy.ndarray **dst** = None

　　　　　　　　　　　　出力配列（画像）です。src と同じサイズで同じ型です。

戻り値

numpy.ndarray **dst**　　出力配列（画像）です。src と同じサイズで同じ型です。

説明

　この関数は選択された画像領域を、その領域境界付近のピクセルを利用して再構成します。この関数はデジタル化された写真から汚れや傷を除去したり、静止画や動画から不要な物体を除去するのに利用されます。

■ matchTemplate（cv2）

テンプレートと、それに重なった画像領域を比較します。

形式

cv2.matchTemplate(image, templ, method[, result[, mask]]) → result

引数

numpy.ndarray **image**　　探索対象となる画像です。8ビット、または32ビットの浮動小

数点型でなければなりません。

numpy.ndarray **templ**	探索されるテンプレート画像です。探索対象となる画像より小さく、かつ同じデータ型でなければいけません。
int **method**	比較手法です。詳細は OpenCV のドキュメントを参照してください。
numpy.ndarray **result** = None	
	比較結果です。シングルチャンネルで 32 ビットの浮動小数点です。image のサイズが W × H で、templ のサイズが w × h とすると、このサイズは (W − w + 1) × (H − h + 1) です。
numpy.ndarray **mask** = None	
	マスク配列です。templ と同じサイズで同じ型である必要があります。

戻り値

| numpy.ndarray **result** | 比較結果です。シングルチャンネルで 32 ビットの浮動小数点です。image のサイズが W × H で、templ のサイズが w × h とすると、このサイズは (W − w + 1) × (H − h + 1) です。 |

説明

　この関数は templ を image 全体に対してスライドさせながら、w × h の領域を指定された方法で比較します。その結果を result に保存します。手法には、TM_SQDIFF、TM_SQDIFF_NORMED、TM_CCORR、TM_CCORR_NORMED、TM_CCOEFF、そして TM_CCOEFF_NORMED があります。詳細については OpenCV のドキュメントを参照してください。

■ minMaxLoc（cv2）

配列内の最小値および最大値を求めます。

形式

cv2.minMaxLoc(src[, mask]) → minVal, maxVal, minLoc, maxLoc

引数

| numpy.ndarray **src** | 入力配列です。シングルチャンネルでなければなりません。 |

numpy.ndarray **mask** = None　　マスク配列です。

float **minVal**	最小値です。
float **maxVal**	最大値です。
tuple **minLoc**	最小値を保持する位置です。
tuple **maxLoc**	最大値を保持する位置です。

説明

　最小値、最大値そして、それらの位置を入力配列から探します。この関数は、マルチチャンネルでは動作しません。各チャンネルの最小値、最大値を探したい場合、各チャンネルを分離して、シングルチャンネルに変更してから、それぞれの最小値、最大値を探してください。

Deep Learning

　本章では Deep Learning を使用し、カメラで映した
手書き数字を認識するプログラムを紹介します。また、
Deep Leaning がどのようなものなのか把握するために、
Deep Learning の概要も解説します。

10.1
Deep Learning とは

Deep Learning は機械学習と呼ばれる手法の中の一つです。そのため、まず機械学習に関して簡単に説明します。機械学習の先駆者であるアーサー・サミュエルによると、機械学習は「人が明示的に挙動を指示せずにコンピュータに学習能力を与えること」と定義されています。身近なところでの使用例を見てみると、迷惑メールのフィルタや購買者のグルーピングなどに使われています。前者は大量の受信メールの中から迷惑メールを自動的に検出することで、フィルタリングを行います。後者はオンラインショッピングで購入した商品等の情報を基にして自動的に購買者をグループに分類することで、顧客の購買分析に利用します。

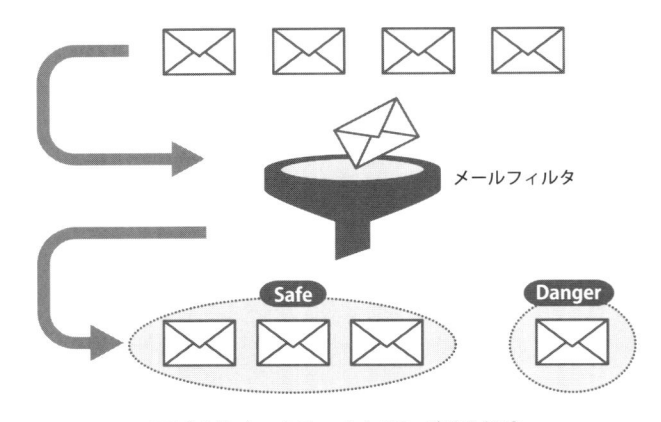

図10.1●メールフィルタリング動作概念

さて、機械学習はこういった処理を、どのような仕組みで行っているのか見ていきましょう。機械学習は、訓練データを学習器に投入して学習モデルを作成し、その学習モデルを利用して処理を行うことで、結果を得ています。「学習器」とは、データから有用な特徴（規則、ルール、知識表現、判断基準など）を見つけ出す仕組みを指します。学習器には、規則性やパターンを見つけ出すために、センサやデータベースなどから、ある程度の数のサンプルデータを投入する必要があり、このデータを「訓練データ（学習データ、トレーニングデータ）」と呼びます。学習器が訓練データから抽出した有用な特徴は「学習モデル」と呼ばれます。この、訓練データの投入から学習モデル作成までの一連の処理を、機械学習では「学習処理」と呼びます。

以上のように、機械学習を利用した処理は以下の2つのステップに分かれます。

1. 学習器に訓練データを投入して学習モデルを作成する処理
2. 学習モデルを利用して様々な結果を得る処理

　ここまで機械学習に関して説明を行いましたが、本章で利用する機械学習の一つである Deep Learning の説明に移ります。Deep Learning を一言で言うと、「多層のニューラルネットワークによる機械学習の手法」です。そのため、次はニューラルネットワークに関して説明します。ニューラルネットワークとは、脳機能に見られる特性をコンピュータ処理によって表現することを目指した数学モデルです。ニューラルネットワークには、「入力層」「中間層」「出力層」と呼ばれる層があり、入力層→中間層→出力層の順番に並んでいます。また、中間層は複数の層を持つ場合があります。各層は、複数個の「ノード」を持ち、各ノードは値を持ちます。ある層と次の層の間のノード同士は「エッジ」で結ばれます。各エッジは「重み」と呼ばれる値、各層は「活性化関数」と呼ばれる関数を持っています。以上の情報（前の層のノードの値、接続エッジの重みの値、その層が持つ活性化関数）から、当該ノードの値を決定します。つまり、「前の層の接続ノードから自分のノードの値を決定する」ということです。

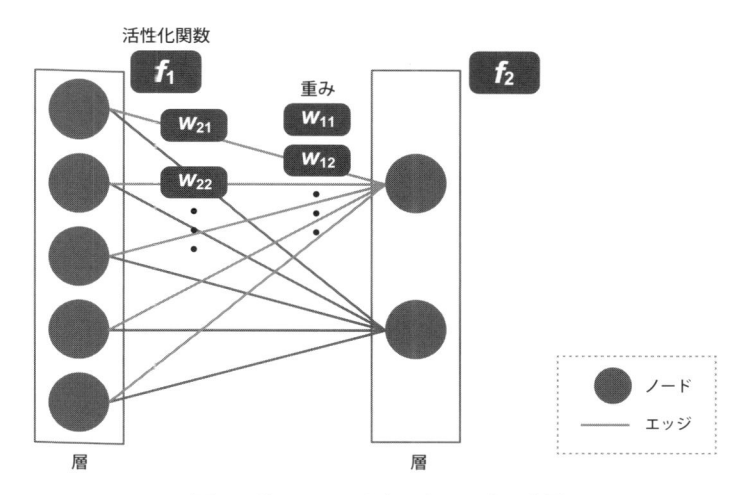

図10.2●ニューラルネットワークの各層

　さて、本章では「多層のニューラルネットワークによる機械学習の手法」である Deep Learning を用い、0〜9 の手書き数字を画像認識し判別を行うので、ニューラルネットワークでの画像認識に関して見ていきます。今回は分かりやすいように、画像に映った文字が数字の「0」〜「9」のどれであるかを判定する例を扱います。

　まず、訓練データとなる画像はすべて同じサイズを使用します。ニューラルネットワークの

構成ですが、入力層は訓練データの画像のピクセル数と同じ数のノードを持ちます。次に、中間層をいくつか用意します。出力層は判定する物体数のノードを持ちます。つまり、今回の出力層のノードの数は「0」～「9」の 10 個です。

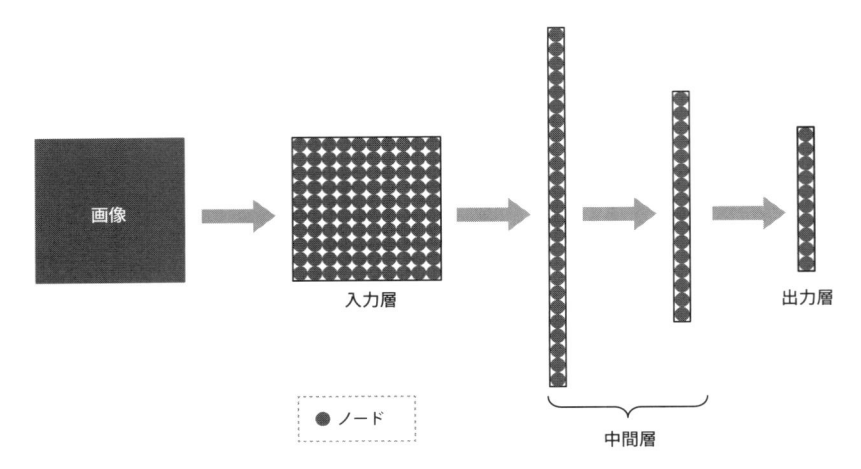

図10.3●ニューラルネットワークでの画像認識

　それでは、まず 1 つ目のステップである「学習器に訓練データを投入して学習モデルを作成する処理」を解説します。訓練データとして、画像と、その画像に映る物体を表すラベルである「確率ベクトル」を用意します。確率ベクトルとは、ベクトルを (v1, v2, …, vn) とするとき、v1、v2、…、vn の総和が 1.0 になるベクトルです。訓練データの確率ベクトルの次元数は、出力層のノード数に対応しています。訓練データの確率ベクトルは、画像に映っている文字が「1」だと (0.0, 1.0, 0.0, 0.0, 0.0, 0.0, 0.0, 0.0, 0.0, 0.0)、「2」だと (0.0, 0.0, 1.0, 0.0, 0.0, 0.0, 0.0, 0.0, 0.0, 0.0)、「9」だと (0.0, 0.0, 0.0, 0.0, 0.0, 0.0, 0.0, 0.0, 0.0, 1.0) とします。
ニューラルネットワークの入力層には、画像から取得したピクセルの輝度値を入力し、入力層→出力層の流れで計算を行います。これを順伝播計算と言います。次に、重みを最適化するために、順伝播計算の結果と確率ベクトルを比較し誤差を求め、誤差が小さくなるように出力層→入力層の流れで重みの値を計算します。これを逆伝播計算と言います。大量の訓練データを入力して、順伝播計算・逆伝播計算を繰り返し、重みを最適化していくことで、学習モデルとなる最適化されたニューラルネットワークが作成されます。

　次に、1 つ目のステップで作成したニューラルネットワークを用いて、2 つ目のステップである「学習モデルを利用して様々な結果を得る処理」を見ていきます。作成したニューラルネットワークは、画像を入力すると 10 次元の「確率ベクトル」を出力します。例えば、出力された確率ベクトルが (0.02, 0.9, 0.01, 0.01, 0.01, 0.01, 0.01, 0.01, 0.01, 0.01) の場合は「1」が

入力されている確率が高く、(0.01, 0.01, 0.9, 0.01, 0.01, 0.02, 0.01, 0.01, 0.01, 0.01) の場合は「2」が入力されている確率が高いことを表します。このようにして、ニューラルネットワークを利用した画像認識を実現することができます。

　Deep Learning とは、多層のニューラルネットワークによる機械学習の手法です。中間層を増やすことで、多層のニューラルネットワークを作成することができます。一般的に、入力層、中間層、出力層が合わせて 4 層以上だと、Deep Learning と呼ばれています。つまり、ここで説明した方法は、Deep Learning により画像認識を実現するための基本的な原理です。Deep Learning では、説明した基本的な原理に基づき、より性能を向上させるニューラルネットワークを構成し、画像認識を行うといった形になります。その性能を決める Deep Learning のアルゴリズムは Convolution Neural Network、Recurrent Neural Network などがありますが、Deep Learning を使用するプログラムを作成する上では基本的な概要を理解すれば十分だと考えられるので、詳細は割愛します。また、本書は Deep Learning を活用していますが Deep Learning の解説書ではないので、Deep Learning の詳しい内部処理の解説は Deep Learning の専門書へ譲ります。

　それでは、実際に Deep Learning を使用し、カメラで映した手書き数字を認識するプログラムの作成に移っていきましょう。

10

10.2
事前準備

　Deep Learning を使用し、カメラで映した手書き数字を認識するプログラムを作成するために、事前準備（Chainer のインストール、MNIST を用いた学習モデルの作成）が必要なので、プログラムを作成する前に事前準備を行いましょう。

10.2.1　Chainer のインストール

　Chainer はニューラルネットワークの計算および学習を行うためのオープンソースソフトウェアライブラリです。Chainer は柔軟性が特徴であり、これにより複雑な構造を簡潔かつ直感的に記述することが可能です。

それでは、Chainer のインストール方法の一例を示します。Anaconda Prompt を起動します。

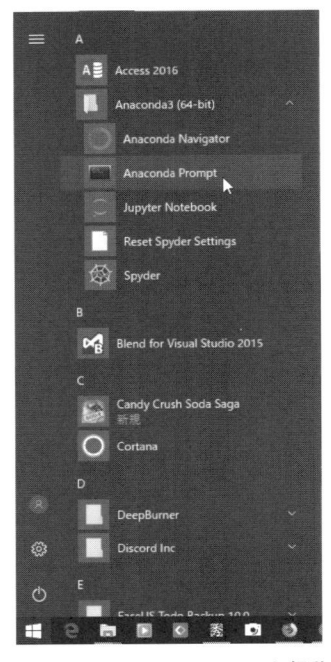

図10.4●Anaconda Promptを起動

Anaconda Prompt で「pip install chainer」を入力し実行すると、Chainer がインストールされます。

図10.5●Chainerのインストール

Python から Chainer を使用できるか、簡単なプログラムで確認してみましょう。

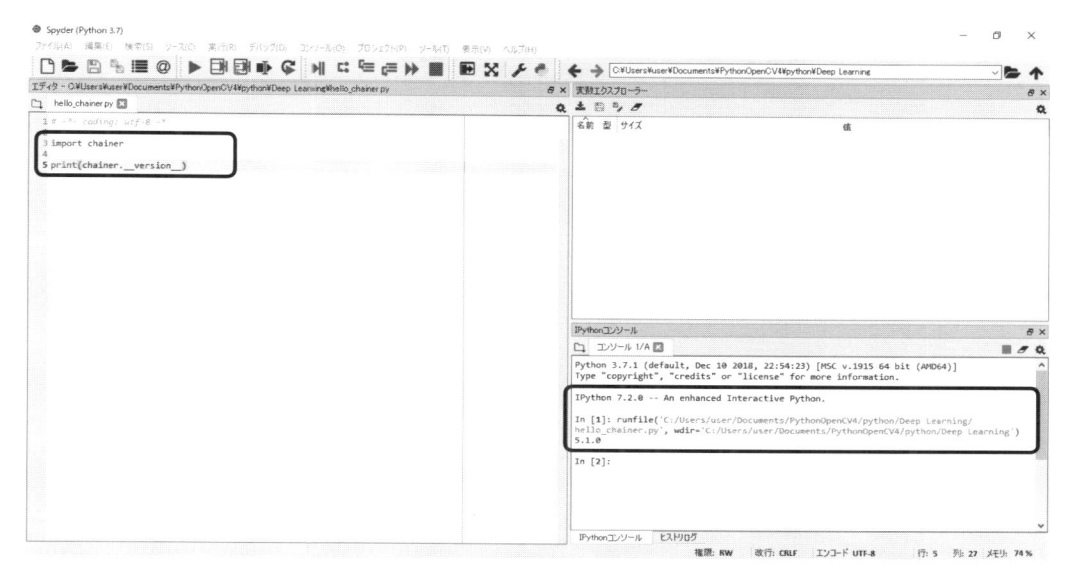

図10.6●Chainerのインストール確認

Chainer のバージョンを表示するプログラムを実行し問題が起きなければ、Chainer が正常にインストールできています。少なくとも「import chainer」へエラーが表示されていなければ、Chainer は正常にインストールされています。以降にプログラムのソースリストと実行結果を示します。

リスト10.1●ソースリスト（hello_chainer.py）

```python
import chainer

print(chainer.__version__)
```

実行結果

```
5.1.0
```

※実行結果は Chainer のバージョンに左右されます。

10.2.2　MNIST を用いた学習モデルの作成

　次節「カメラで撮影した手書き数字の認識」でカメラに映った手書き数字を認識する際に、予め手書き数字の情報を学習したモデルが必要になります。そこで、単純なコンピュータビジョンのデータセットである MNIST を使用して、学習モデルを作成します。MNIST は、28 × 28 ピクセル、70000 サンプルの手書き数字の画像データと、画像データの数字を示すラベルが格納されているデータセットです。各ピクセルは 0 から 255 の値を取ります。例として以降に 20 サンプルを描画した画像を示します。サンプルの各画像の上に示してある数字は、数字を示すラベルです。

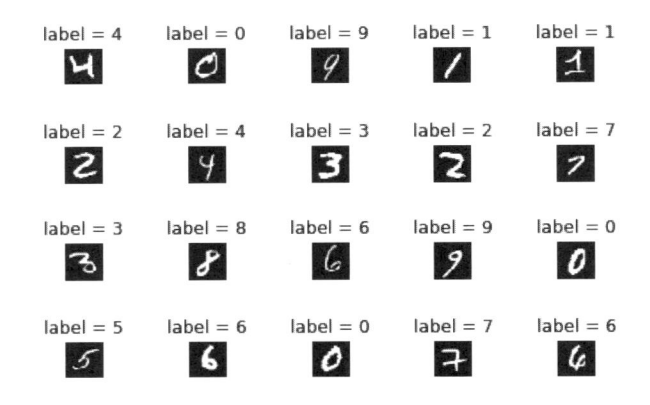

図10.7●MNISTのサンプルデータ

　さて、MNIST を用いた学習モデルを作成します。以降にソースリストを示します。なお、詳細に関しては、MNIST のドキュメント、Chainer のドキュメントや公式チュートリアル等を参照してください。

リスト10.2●ソースリスト（make_model.py）

```python
import numpy as np
from chainer import Variable, optimizers, serializers
from chainer import Chain
import chainer.functions as F
import chainer.links as L
from sklearn.datasets import fetch_openml
```

```python
class MyMLP(Chain):
    def __init__(self, n_in=784, n_units=100, n_out=10):
        super(MyMLP, self).__init__(
            l1=L.Linear(n_in, n_units),
            l2=L.Linear(n_units, n_units),
            l3=L.Linear(n_units, n_out),
        )
    def __call__(self, x):
        h1 = F.relu(self.l1(x))
        h2 = F.relu(self.l2(h1))
        y = self.l3(h2)
        return y

#プログラムが開始したことを示す(MNISTのダウンロードに時間を要するため).
print('Start')

mnist_X, mnist_y = fetch_openml('mnist_784', version=1, data_home=".",
                                                        return_X_y=True)

x_all = mnist_X.astype(np.float32) / 255
y_all = mnist_y.astype(np.int32)

model = MyMLP()
optimizer = optimizers.SGD()
optimizer.setup(model)

BATCHSIZE = 100
DATASIZE = 70000

for epoch in range(20):
    print('epoch %d' % epoch)
    indexes = np.random.permutation(DATASIZE)
    for i in range(0, DATASIZE, BATCHSIZE):
        x = Variable(x_all[indexes[i : i + BATCHSIZE]])
        t = Variable(y_all[indexes[i : i + BATCHSIZE]])

        model.zerograds()

        y = model(x)

        loss = F.softmax_cross_entropy(y, t)
```

```
        loss.backward()

        optimizer.update()

serializers.save_npz("mymodel.npz", model)

#プログラムが終了したことを示す.
print('Finish')
```

ソースリストが長いため、6つに分けて解説を行います。また、必要なモジュールは import
しておきます。

make_model.py でエラーが出る場合

make_model.py を実行した際に、

```
ImportError: cannot import name 'fetch_openml' from 'sklearn.
datasets'
```

というエラーが出る場合は、sklearn のバージョンが古い可能性があるので、
sklearn のアップデートを行ってください。Anaconda Prompt を起動し、「pip
install -U scikit-learn」を入力し実行すると、sklearn がアップデートされます。

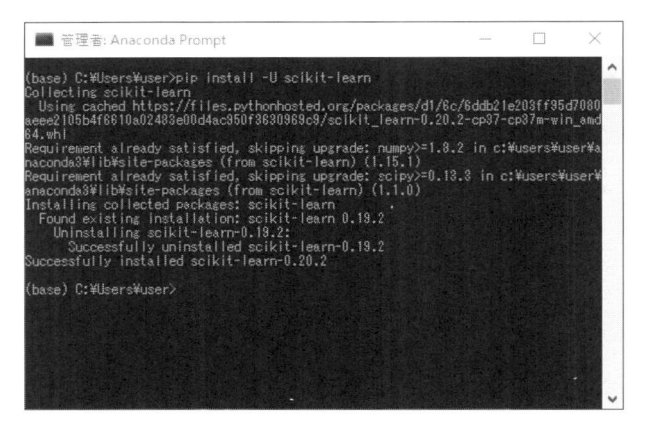

図10.8●sklearn のアップデート

■ Ⅰ. 学習モデル（多層のニューラルネットワーク）の設定

```
class MyMLP(Chain):
    def __init__(self, n_in=784, n_units=100, n_out=10):
        super(MyMLP, self).__init__(
            l1=L.Linear(n_in, n_units),
            l2=L.Linear(n_units, n_units),
            l3=L.Linear(n_units, n_out),
        )
    def __call__(self, x):
        h1 = F.relu(self.l1(x))
        h2 = F.relu(self.l2(h1))
        y = self.l3(h2)
        return y
```

　まず、後のソースコードで利用するために、予め MyMLP クラスで学習モデルの設定を行います。

　MyMLP クラスは chainer.Chain クラスを継承しており、2つの特殊メソッド __init__、__call__ を持っています。また、__init__ メソッドは MyMLP クラスがインスタンス化された際に、__call__ メソッドはインスタンスが呼び出された際に実行される特殊メソッドです。特殊メソッドに関しての詳細に Python のドキュメントを参照してください。

　__init__ メソッドは、L.Linear（chainer.links.Linear）関数を使用し、学習モデルを作成します。chainer.links はパラメータ（最適化の評価関数）を保持することができるオブジェクトで、chainer.links.Linear 関数は層の線形結合を行います。学習モデルの入力層、中間層、出力層のベクトルの次元数（ノードの数）をあらかじめ決定しておきます。今回は、中間層を2層とし、入力層、中間層、出力層で合計4層とします。また、入力層784、中間層100、出力層10次元とします。MNIST の手書き数字の画像データは 28 × 28 ピクセルであるため、入力層は 784（28 × 28）次元となります。出力層は、0 ～ 9 のそれぞれの結果を示したいため 10 次元となります。

　__call__ メソッドは、__init__ メソッドで作成した学習モデルと F.relu（chainer.functions.relu）関数を使用し、入力 x（MNIST の手書き数字の画像）に対して出力 y（数字の認識結果）を作成します。chainer.functions は、活性化関数を提供しています。今回は chainer.functions.relu 関数で活性化関数として正規化線形関数を利用しています。

10

■ Ⅱ．データセットの準備

```
mnist_X, mnist_y = fetch_openml('mnist_784', version=1, data_home=".", return_X_y=True)
```

MNIST を使うために、sklearn.datasets.fetch_openml 関数で MNIST のデータセットをダウンロードし、mnist_X、mnist_y に格納します。ウェブからダウンロードを行うので時間がかかりますが、data_home 引数で指定したフォルダに MNIST のデータセットがすでに存在していれば、ダウンロードは行われません。つまり、一度ダウンロードしておけば、ウェブから再度ダウンロードせずにプログラムを実行できます。ダウンロードした MNIST のデータセットは、data_home 引数で指定したフォルダに openml フォルダが作成され、その中に保存されます。

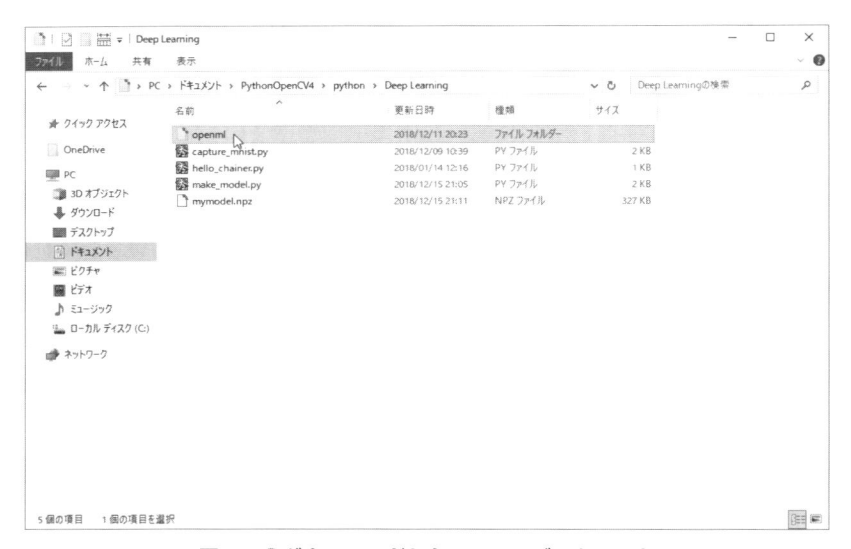

図10.9●ダウンロードしたMNISTのデータセット

■ Ⅲ．データセットの変換

```
x_all = mnist_X.astype(np.float32) / 255
y_all = mnist_y.astype(np.int32)
```

MNIST のデータセットは 28 × 28 ピクセルの手書き数字のグレイスケール画像 70000 枚と、画像の数字に対応する数字のラベルがセットになっています。mnist_X に画像が格納されているので、x_all に格納します。なお、データ型を float64 から float32 に変換する必要があ

るため、numpy.ndarray.astype 関数を使用して変換しています。また、正規化する必要があるため、255 で除算しています。mnist_y に数字のラベルが格納されているので、y_all に格納します。なお、データ型を float64 から int32 に変換する必要があるため、numpy.ndarray. astype 関数を使用して変換しています。

■ Ⅳ . optimizer の作成

```
model = MyMLP()
optimizer = optimizers.SGD()
optimizer.setup(model)
```

　パラメータを最適化する際に利用する optimizer を作成します。optimizer では結合に対して数値的な最適化アルゴリズムが実行されます。数多くの最適化アルゴリズムがありますが、確率的勾配降下法と呼ばれる最も簡単なアルゴリズムである optimizers.SGD コンストラクタを使用します。optimizer.setup 関数で引数に与えた学習モデルを最適化するように設定しておきます。

■ Ⅴ . optimizer の最適化

```
BATCHSIZE = 100
DATASIZE = 70000

for epoch in range(20):
    print('epoch %d' % epoch)
    indexes = np.random.permutation(DATASIZE)
    for i in range(0, DATASIZE, BATCHSIZE):
        x = Variable(x_all[indexes[i : i + BATCHSIZE]])
        t = Variable(y_all[indexes[i : i + BATCHSIZE]])

        model.zerograds()

        y = model(x)

        loss = F.softmax_cross_entropy(y, t)

        loss.backward()

        optimizer.update()
```

　最後に optimizer の最適化を行う学習ループを行います。まず、MNIST のデータセットからランダムに数字を取得するために、np.random.permutation 関数で DATASIZE（今回は70000）をランダムに並び替えた配列を indexes に格納します。次に、順伝播計算、逆伝播計算を行うために、Variable（chainer.variable.Variable）オブジェクトに変換した画像データを変数 x に、ラベルを変数 t に格納します。後に loss.backward 関数で勾配を計算しますが、勾配は蓄積されてしまうので model.zerograds 関数で前回のループで計算された勾配を 0 に初期化します。model の __call__ メソッドを利用して順伝播計算を行い、F.softmax_cross_entropy 関数で与えられた正解ラベルと予測との損失値を計算します。loss.backward 関数で逆伝播計算を行います。最後に、optimizer.update 関数で逆伝播した結果を元に最適化を行います。

以上の処理をループしてモデルの最適化を繰り返します。

■ Ⅵ. 保存

```
serializers.save_npz("mymodel.npz", model)
```

　最後に、serializers.save_npz 関数で model を mymodel.npz という名前の npz ファイルで保存して、MNIST を用いた学習モデルの作成は完了です。

10.2.3　実行

それでは、プログラムを実行した様子を以下に示します。

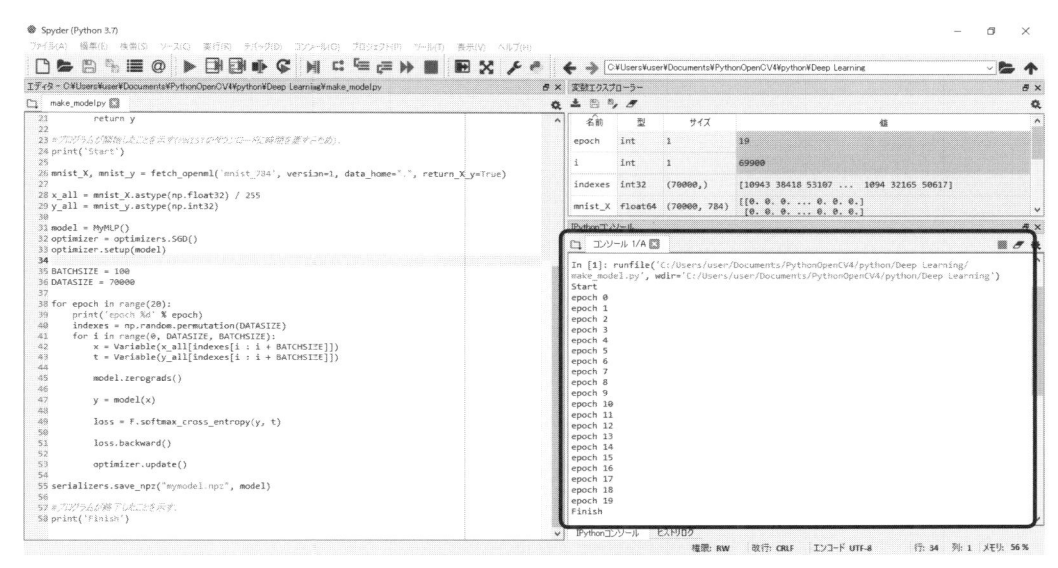

図10.10●MNISTモデルの作成・動作イメージ

正常に処理された場合はコンソールに epoch 0 ～ epoch 19 が表示され、プログラムを実行したフォルダに mymodel.npz が作成されます。

図10.11●mymodel.npzファイル

10.3
カメラで撮影した手書き数字の認識

それでは、事前準備が完了したので、OpenCV を使用しカメラで撮影した映像と 10.2.2 項「MNIST を用いた学習モデルの作成」で作成したモデルを利用し、Deep Learning で手書き数字を認識するプログラムを紹介します。以下に動作イメージを示します。

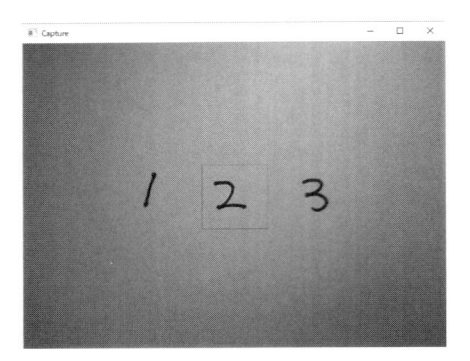

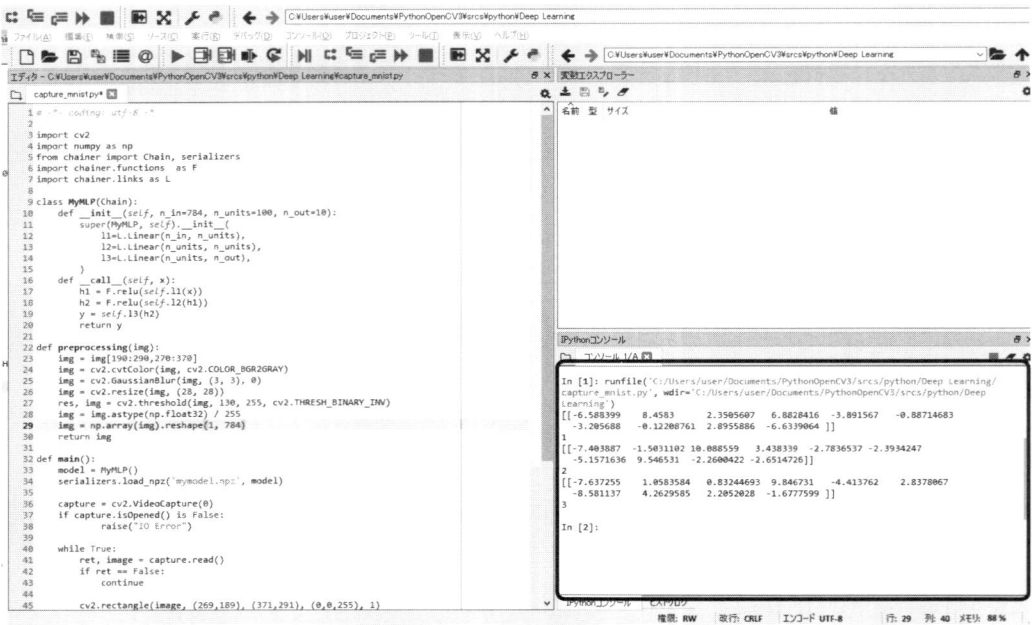

図10.12●カメラで撮影した手書き数字の認識・動作イメージ

　カメラが起動し、赤色の四角枠の中に手書き数字を映してeキーを押すと、数字の認識結果を表示します。認識結果は図の右下部分のコンソールに、0〜9のそれぞれの数字の認識結果を示したリストと、最も確率の高い数字を出力します。ここでは、手書き数字の1、2、および3を、それぞれ赤色の四角枠の中に映し、認識した結果をコンソールに表示します。以降に、ソースリストを示します。

リスト10.3●ソースリスト（capture_mnist.py）

```python
import cv2
import numpy as np
from chainer import Chain, serializers
import chainer.functions  as F
import chainer.links as L

class MyMLP(Chain):
    def __init__(self, n_in=784, n_units=100, n_out=10):
        super(MyMLP, self).__init__(
            l1=L.Linear(n_in, n_units),
            l2=L.Linear(n_units, n_units),
            l3=L.Linear(n_units, n_out),
        )
    def __call__(self, x):
        h1 = F.relu(self.l1(x))
        h2 = F.relu(self.l2(h1))
        y = self.l3(h2)
        return y

def preprocessing(img):
    img = img[190:290,270:370]
    img = cv2.cvtColor(img, cv2.COLOR_BGR2GRAY)
    img = cv2.GaussianBlur(img, (3, 3), 0)
    img = cv2.resize(img, (28, 28))
    res, img = cv2.threshold(img, 130, 255, cv2.THRESH_BINARY_INV)
    img = img.astype(np.float32) / 255
    img = np.array(img).reshape(1, 784)
    return img

def main():
    model = MyMLP()
    serializers.load_npz('mymodel.npz', model)
```

```
        capture = cv2.VideoCapture(0)
        if capture.isOpened() is False:
                raise("IO Error")

        while True:
            ret, image = capture.read()
            if ret == False:
                continue

            cv2.rectangle(image, (269,189), (371,291), (0,0,255), 1)
            cv2.imshow("Capture", image)
            k = cv2.waitKey(10)

            if k == ord('e'):
                img = preprocessing(image)
                num = model(img)
                print(num.data)
                print(np.argmax(num.data))

            if  k == ord('q'):
                break
        capture.release()
        cv2.destroyAllWindows()

if __name__ == '__main__':
    main()
```

　ソースリストが長いため、3つに分けて解説を行います。本プログラムは1つのクラス、2つの関数から成り立ちます。MyMLPクラスは学習モデル（多層のニューラルネットワーク）の設定を行います。preprocessing関数は、カメラで写した手書き数字の画像を認識が行いやすいように変換します。main関数は、カメラの映像表示を行い、映像に映された手書き数字の0〜9のそれぞれの数字の認識結果と、最も確率の高い数字をコンソールに表示します。

■ Ⅰ. 学習モデル（多層のニューラルネットワーク）の設定

```
class MyMLP(Chain):
    def __init__(self, n_in=784, n_units=100, n_out=10):
        super(MyMLP, self).__init__(
            l1=L.Linear(n_in, n_units),
            l2=L.Linear(n_units, n_units),
            l3=L.Linear(n_units, n_out),
        )
    def __call__(self, x):
        h1 = F.relu(self.l1(x))
        h2 = F.relu(self.l2(h1))
        y = self.l3(h2)
        return y
```

　まず、MyMLP クラスに関して説明を行います。MyMLP クラスは 10.2.2 項「MNIST を用いた学習モデルの作成」と同様のものです。10.2.2 項で準備したモデルと同じ入力層、中間層、出力層の次元数でなければ、10.2.2 項で準備したモデルを使用できないので、注意してください。

■ Ⅱ. 画像の変換

```
def preprocessing(img):
    img = img[190:290,270:370]
    img = cv2.cvtColor(img, cv2.COLOR_BGR2GRAY)
    img = cv2.GaussianBlur(img, (3, 3), 0)
    img = cv2.resize(img, (28, 28))
    res, img = cv2.threshold(img, 130, 255, cv2.THRESH_BINARY_INV)
    img = img.astype(np.float32) / 255
    img = np.array(img).reshape(1, 784)
    return img
```

　次に、preprocessing 関数を説明します。preprocessing 関数は、main 関数でカメラ映像の取り込みを行った画像 img を引数として、認識を行いやすいように変換を行った画像を出力します。

　まず、カメラ映像の取得範囲ですが、カメラ映像の全画面だと大きすぎて数字を取り込みづらいので、中央の 100×100 ピクセルの部分を切り抜きます。以下に、切り抜く範囲を表示した様子を示します。中央の赤い枠で囲われている部分が切り抜き範囲です。

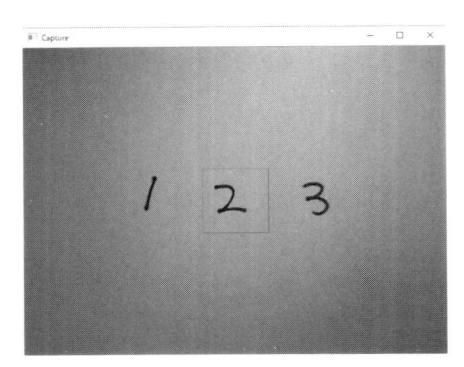

図10.13●切り抜き範囲

　切り抜く範囲を示す赤い枠は main 関数で表示する処理を行っているので、後ほど説明します。

　続けて、切り抜いた画像を MNIST のデータセットと同じ入力形式に変換します。cv2.cvtColor 関数で画像をカラーからグレイスケールに変換し、cv2.resize 関数で 28 × 28 ピクセルに縮小します。MNIST の学習モデルの作成時と同様に、画像のピクセルの値を正規化します。最後に、入力層の次元数に合うように、画像を 28 × 28 の配列から 1 × 784 の配列の形状に変換します。

　しかし、以上の処理だけでは背景が暗いことが原因で数字部分の抽出が適切にできず、数字が想定通りに認識されません。そこで、閾値処理を行い、数字が書いてある黒色が濃い部分だけ抜き出した画像に変換します。cv2.GaussianBlur 関数で平滑化処理を行い、手書き数字の画像のノイズをできるだけ取り除きます。次に、cv2.threshold 関数で閾値処理を行います。示したソースリストでは閾値を 130 としていますが、明るさや紙・数字の色等で適切な閾値が変わるので、数字がなるべく綺麗に映る閾値を設定してください。以下に、閾値処理を行う前後の手書き数字の画像を示します。左側が閾値処理前、右側が閾値処理後の画像です。閾値処理前後の画像を確認したい場合は、ソースリスト 27 行目の cv2.threshold 関数の前後に、cv2.imwrite 関数で画像を保存する処理を記述してください。

図10.14●閾値処理前後の手書き数字の画像

※数字を撮影する際は、赤い枠の中心に写し、かつ、ある程度大きく映してください。小さく数値を撮影すると認識率は低下します。

■ Ⅲ. 画像の表示と認識

```python
def main():
    model = MyMLP()
    serializers.load_npz('mymodel.npz', model)

    capture = cv2.VideoCapture(0)
    if capture.isOpened() is False:
            raise("IO Error")

    while True:
        ret, image = capture.read()
        if ret == False:
            continue

        cv2.rectangle(inage, (269,189), (371,291), (0,0,255), 1)
        cv2.imshow("Capture", image)
        k = cv2.waitKey(10)

        if k == ord('e'):
            img = preprocessing(image)
            num = model(img)
            print(num.data)
            print(np.argmax(num.data))

        if  k == ord('q'):
            break
    capture.release()
    cv2.destroyAllWindows()

if __name__ == '__main__':
    main()
```

10

　最後に、main 関数を説明します。main 関数はカメラの映像表示と映像の取り込みを行い、MyMLP クラスと preprocessing 関数を使用し、映像に映された手書き数字の認識結果を表示します。最後尾の if __name__ == '__main__' で、__name__ 属性を利用し、プログラムが直接実行された場合に main 関数を実行します。__name__ 属性に関しての詳細は、Python のドキュメントを参照してください。

　まず、MyMLP クラスを使用し、学習モデルを作成します。serializers.load_npz 関数で、10.2.2 項「MNIST を用いた学習モデルの作成」で作成したモデルを読み込みます。今回は本

ソースファイルを格納しているフォルダに npz ファイルがあることを前提として、serializers. load_npz 関数の第 1 引数を 'mymodel.npz' としたので、npz ファイルを他のフォルダに保存している場合は第 1 引数を書き換えてください。

　次に、ウェブカメラの映像表示を行います。cv2.VideoCapture コンストラクタで capture を生成し、while ループでカメラからの映像 image をウィンドウに連続的に表示します。また、cv2.rectangle 関数で手書き数字を切り抜く範囲を示す赤い枠を描きます。

　続けて、切り抜き範囲に映された数字を認識します。キーボードの「e」を押下すると、以下の処理を実行するように if 文を記述します。preprocessing 関数でカメラに映された数字を認識しやすい画像に変換し、MyMLP のコンストラクタで作成した model で画像の数字の認識を行います。num.data で 0 〜 9 のそれぞれの数字に対する認識結果、np.argmax(num. data) で最も確率の高い数字をコンソールに表示します。

　キーボードの「q」を押下すると、break により while ループを抜け、カメラ映像の表示と手書き数字の認識を終了します。

※本プログラムは、0 番カメラに固定しています。ノートパソコンなどでは、ディスプレイの上部などに最初から取り付けられているものが使用されます。もし、新たにカメラを接続し、そちらを使用したい場合は、cv2. VideoCapture(0) の引数を変更してください。

　以降に、「1」、「2」、そして「3」の手書き数字を認識させた実行例を示します。

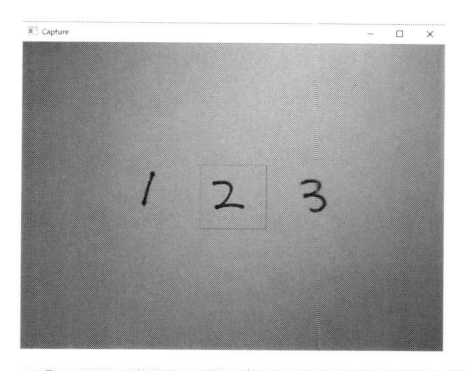

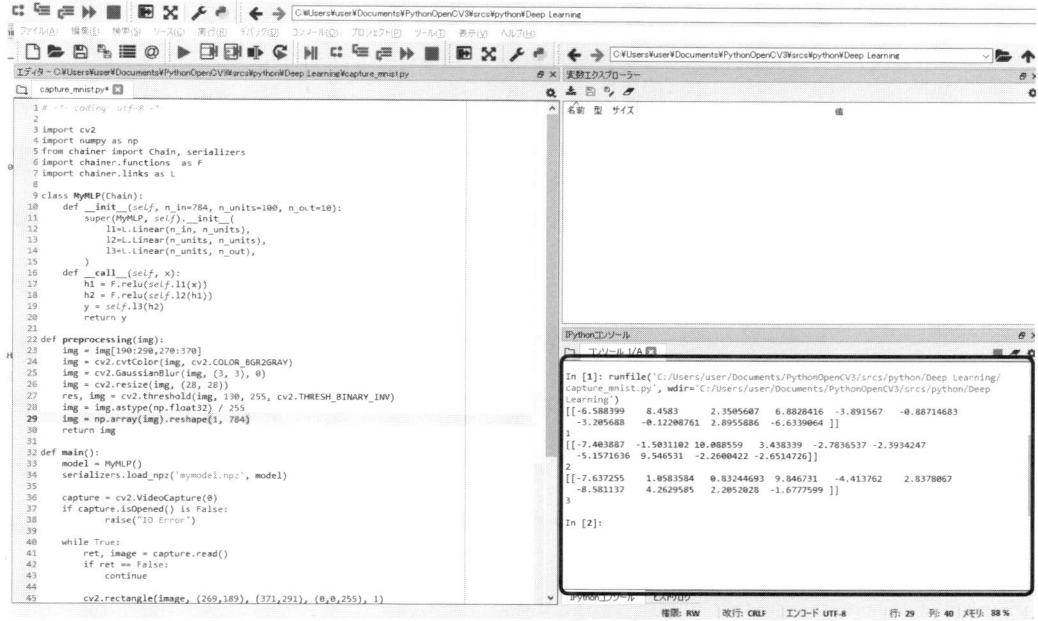

図10.15●カメラで撮影した手書き数字の認識・動作イメージ

10.4
関数の説明

■ links.Linear（chainer） ・・

ニューラルネットワークにおいて、ノード間の線形結合を行うレイヤーを作成します。

形式

chainer.links.Linear(in_size, out_size, nobias, initialW, initial_bias) → layer

引数

int **in_size** 　　　　　入力ベクトルの次元数です。

int **out_size** = None　出力ベクトルの次元数です。

bool **nobias** = False　バイアスを使用するか決定します。True でバイアスを使用せず、
　　　　　　　　　　　　False でバイアスを使用します。

numpy.ndarray **initialW** = None
　　　　　　　　　　　　初期の重み値です。

numpy.ndarray **initial_bias** = None
　　　　　　　　　　　　初期のバイアス値です。

戻り値

chainer.links.connection.linear.Linear **layer**
　　　　　　　　　　　　ノード間の線形結合を行うレイヤーです。

説明

　ニューラルネットワークを構成するための、線形結合を行うレイヤーを作成するコンストラクタです。詳細は Chainer のドキュメントを参照してください。

■ functions.relu（chainer） ··

正規化線形関数（Rectified Linear Unit function）を使用します。

形式

chainer.functions.relu(x) → **y**

引数

numpy.ndarray **x**　　　　　　入力配列です。

戻り値

chainer.variable.Variable **y**　　出力配列です。

説明

　活性化関数として正規化線形関数（Rectified Linear Unit function）を使用し学習を行います。詳細は Chainer のドキュメントを参照してください。

10

付　録

Linux 環境で
OpenCV を使用する場合

A.1
Linux 環境に関して

　本書は Windows 系を使用することを前提として説明しています。そこで、本章では Linux 系、例えば Ubuntu などを使用する場合に関して、説明を行います。

　なお、本章では OpenCV のバージョン 4 系ではなく、バージョン 3 系の環境での説明を行います。これは、本書執筆時に pip で OpenCV 4 のパッケージが存在せず、環境を構築することが難しく、OpenCV 3 で構築を行ったためです。Linux 環境で OpenCV 4 を使用したい場合は、自身で OpenCV 4 のパッケージをビルドする、依存関係のあるパッケージをダウンロードする等を行って、OpenCV 4 の環境を構築してください。

A.2
本書のプログラムを Linux 環境で動作させる

　本書のプログラムは、単純化させるために入力・出力ファイルのパスをハードコードしています。そのため、本書のプログラムを Linux 系で使用する場合、入力・出力ファイルのパスの指定部分を書き換える必要があります。

　試しに、4.1 節「フリップ」で使用したプログラムを例に、Linux 系でも動作するように修正した例を紹介します。Windows 用のソースは次に示すようにファイルのパスを指定しています。

リストA.1●ソースリスト（flip.py）

```
import cv2

try:
    img = cv2.imread('c:/temp/Lenna.jpg')

    if img is None:
        print ('ファイルを読み込めません。')
        import sys
```

```
        sys.exit()
    ⁝
```

このままのプログラムを Ubuntu で実行した例を示します。

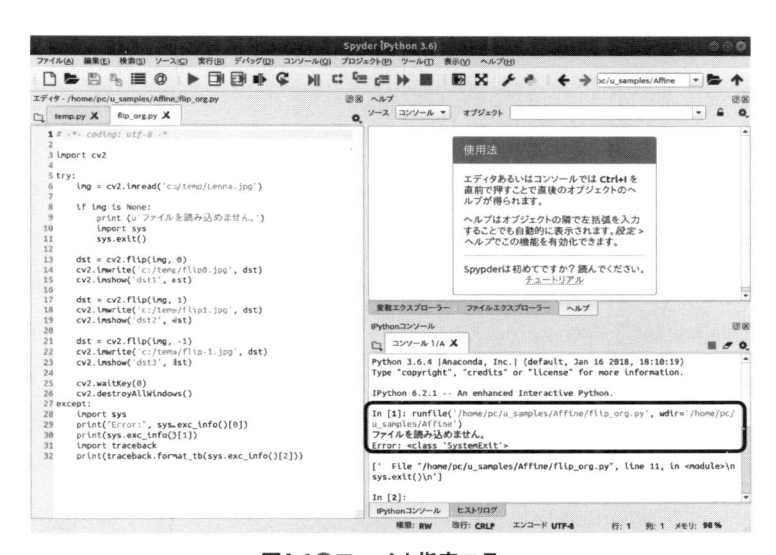

図A.1●ファイル指定エラー

入力ファイルのパスを Windows 形式で行っているため、エラーが発生しています。そこでパスの指定を Linux で動作するよう変更します。以降に変更後のソースリストを示します。

```python
# -*- coding: utf-8 -*

import cv2

try:
    img = cv2.imread('../temp/Lenna.jpg')

    if img is None:
        print ('ファイルを読み込めません。')
        import sys
        sys.exit()
    ⁝
```

この例では、ソースリストが存在するフォルダと同レベルに temp フォルダを作成し、そこ

付録

237

へ必要な画像ファイルを格納します。この方法を採用すると Windows と Linux でソースを共用できます。しかし、画像ファイルを格納するフォルダとソースを格納するフォルダに相対関係があります。本書は面倒が起きないように、この方法を採用せず、絶対パスを採用しています。

Linux で絶対パスを指定するには、以降に示すようにホームに temp フォルダを作成し、そこへ必要な画像ファイルを格納する方法があります。

```
# -*- coding: utf-8 -*

import cv2
import os.path

try:
    workPath=os.path.expanduser('~')+'/temp/'
    img = cv2.imread(workPath+'Lenna.jpg')

    if img is None:
        print ('ファイルを読み込めません。')
        import sys
        sys.exit()
      ⋮
```

この例は、最初のプログラムの

```
img = cv2.imread('c:/temp/Lenna.jpg')
```

を Linux 系で使えるように

```
workPath=os.path.expanduser('~')+'/temp/'
img = cv2.imread(workPath+'Lenna.jpg')
```

と書き換えます。この例ではホームに temp フォルダを作り、そこに画像ファイルを格納します。このプログラムを Ubuntu で実行した例を示します。

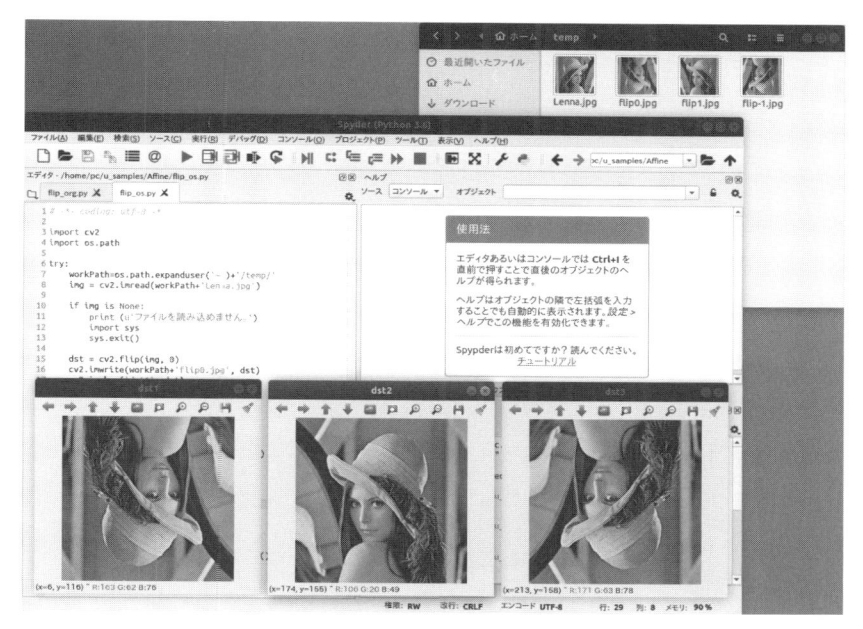

図A.2●Ubuntuで実行（Spyder）

この例では Spyder から実行しています。次に、コンソールから実行したものも示します。

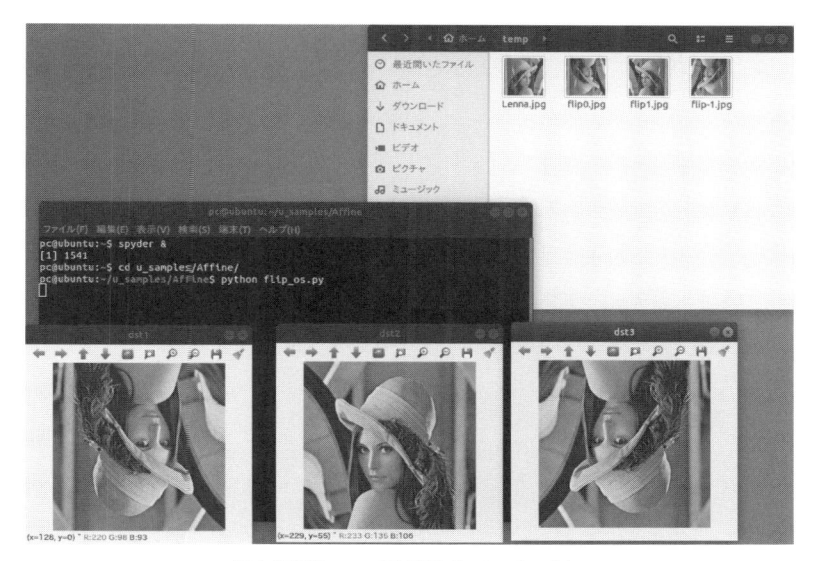

図A.3●Ubuntuで実行（コンソール）

付録

参考として、Deep Learning の実行例も示します。

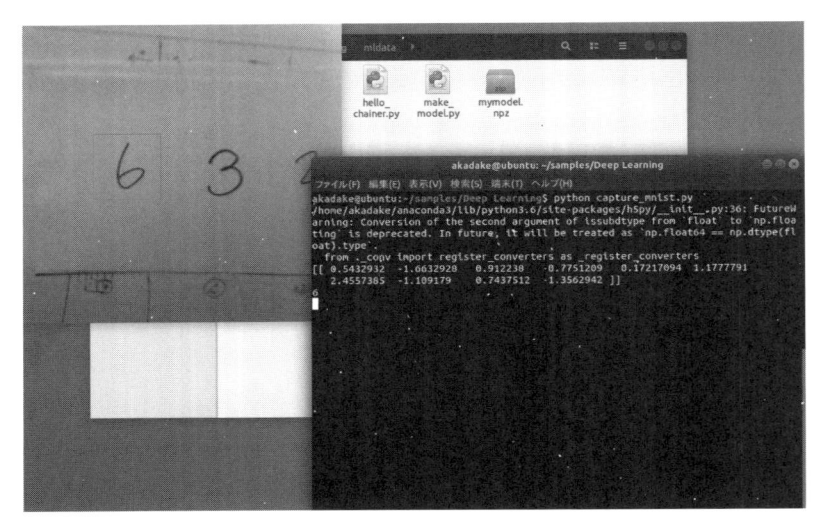

図A.4●Ubuntu で Deep Learning のプログラムを実行

このように軽微な変更を行うだけで Windows 用のソースコードを Linux 系で使用できます。本書で紹介したほとんどのプログラムを Ubuntu で動作させましたが、フォルダのパス部分を書き換えるだけで動作しました。本書のプログラムを Linux 系で使用したい人は、ここで紹介した方法を使用すると良いでしょう。

A.3
Ubuntu への Anaconda、OpenCV のインストール

Ubuntu への Anaconda、OpenCV のインストール方法を紹介します。Ubuntu などの Linux 環境にはあらかじめ Python がインストールされているのが普通です。今回試した Ubuntu にも Python 3.6.3 がデフォルトで用意されていました。

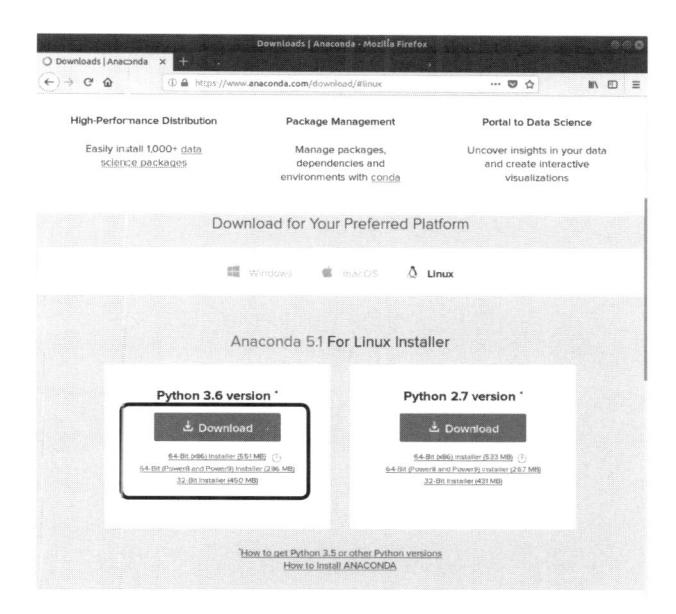

図A.5●デフォルトインストールされているPython

このため OpenCV を追加インストールするだけでも構いませんが、Spyder などの開発環境も使用したい場合は、Anaconda をインストールしましょう。

Ubuntu へ Anaconda をインストールするには Windows 系の場合と同様に、公式ホームページ（https://www.anaconda.com/download/#linux）からダウンロードし、それを実行するのみです。

図A.6●Anacondaのウェブサイト

今回は「Anaconda3-5.1.0-Linux-x86_64.sh」をダウンロードしました。ダウンロードが完了したら、「bash　ダウンロード /Anaconda3-5.1.0-Linux-x86_64.sh」をコンソールから入力しインストールします。

図A.7●Anacondaのインストール

途中でプロンプトが何回か現れますので適切に応答してください。OpenCV のインストールは、Anaconda のインストール完了後、コンソールから「conda install -c conda-forge opencv」を入力しインストールします。

図A.8●OpenCVのインストール

いくつかのプロンプトに応答し、しばらく待つとインストールが完了します。

図A.9●インストール完了

　インストールが完了すると、コンソールから「python」と入力すると Python が、「Spyder」と入力すると Spyder が起動します。

　Spyder を使用するときは、使用中のコンソールで継続して作業することも多いでしょうから「Spyder &」と入力し、バックグラウンドで実行することで、コンソールで作業を続けられるようにした方が良いでしょう。Ubuntu への Anaconda や OpenCV のインストール方法はいくつかあります。適宜、自分の環境に合う方法を採用してください。ここで示したのは、いくつもある方法の一例です。

　以上、Ubuntu へ環境を構築する方法を簡単に示しました。

参考文献、参考サイト、参考資料

1. http://docs.opencv.org/（OpenCV ドキュメントのウェブサイト）
2. http://opencv.jp/（OpenCV リファレンス・サンプルや解説のウェブサイト）
3. 『Java で始める OpenCV3 プログラミング』、北山直洋・北山洋幸共著、株式会社カットシステム
4. 『さらに進化した画像処理ライブラリの定番 OpenCV 3 基本プログラミング』、北山洋幸著、株式会社カットシステム
5. OpenCV ダウンロードファイルに含まれる大量のサンプルやドキュメントなど
6. 『初めてのディープラーニング—オープンソース "Caffe" による演習付き』、武井宏将著、株式会社リックテレコム
7. http://www.numpy.org/（NumPy ドキュメントなどのウェブサイト）
8. https://docs.chainer.org/en/stable/index.html（Chainer ドキュメントなどのウェブサイト）
9. http://corochann.com/mnist-dataset-introduction-1138.html（MNIST のデータセットに関しての解説ウェブサイト）
10. http://yann.lecun.com/exdb/mnist/（MNIST handwritten digit database）
11. https://qiita.com/EN-0/items/784b919ea0c090871a08（ウェブカメラで撮った画像中の数字を判別する）
12. https://github.com/mr3m/OpenCVMNISTSVM（OpenCV と MNIST を使ったプログラムの参考ウェブサイト）

■ 著者プロフィール

北山 直洋（きたやま・なおひろ）

福岡県久留米市生まれ、東京都東大和市出身、千葉大学工学部卒業、千葉大学大学院・融合研究科修了。現在、某 IT 企業で修行中。

Python で始める OpenCV 4 プログラミング

2019 年 3 月 20 日　　初版第 1 刷発行

著　者	北山 直洋
発行人	石塚 勝敏
発　行	株式会社 カットシステム
	〒 169-0073 東京都新宿区百人町 4-9-7　新宿ユーエストビル 8F
	TEL （03）5348-3850　　FAX （03）5348-3851
	URL　http://www.cutt.co.jp/
	振替　00130-6-17174
印　刷	シナノ書籍印刷 株式会社

本書に関するご意見、ご質問は小社出版部宛まで文書か、sales@cutt.co.jp 宛に e-mail でお送りください。電話によるお問い合わせはご遠慮ください。また、本書の内容を超えるご質問にはお答えできませんので、あらかじめご了承ください。

Cover design　Y.Yamaguchi　　© 2019 北山直洋

Printed in Japan　ISBN978-4-87783-461-6